Von der Kunst des Spazierengehens

Schweizer Texte
Neue Folge

Herausgegeben von
Corinna Jäger-Trees (Bern)
Dominik Müller (Genf)
Mireille Schnyder (Zürich)
Hellmut Thomke (Bern)
Peter Utz (Lausanne)
Christian von Zimmermann (Bern)

Band 44

Jakob Flach

Von der Kunst des Spazierengehens

Prosastücke

Herausgegeben mit einem Nachwort von
Magnus Wieland

CHRONOS

Die Veröffentlichung dieses Buches wurde von der Schweizerischen Akademie der Geistes- und Sozialwissenschaften unterstützt.

© 2015 Chronos Verlag, Zürich
ISBN 978-3-0340-1286-7

Inhalt

Von der Kunst des Spazierengehens

    Spaziergang am Sonntag   7
    Die Reise nach Milazzo oder Die Fahrt ins Blaue   15
    Spaziergang im Herbstnebel   29
    Kulinarische Promenade rund ums Mittelmeer   37
    Spaziergang dem Mai entlang   45
    Ausflug in die Nachbarschaft oder Über die schlichten Freuden   53
    Wege und Umwege in einer großen Stadt   65
    Ritt in beglückende Gefilde   79
    Die Herren der Welt   89

Monolog über die kleinen Freuden   97

Stellenkommentar   105
Editorische Notiz   113
Nachwort   117

Spaziergang am Sonntag

Täglich trompetet aus der Zeitung, von Bühne und Breitleinwand, durch das Radio, aus klugem und unbedeutendem Mund der modische Trauermarsch von dem ruchlosen, ziel- und gottlosen Jahrhundert, schwarz und nicht mehr lebenswert, in das wir hinein geboren sind; aber alle leben sie weiter, Zeitung und Zeitungsleser, Besserwissende und Resignierende und schwimmen munter fort durch das verschlammte Säkulum – aber dass sie es munter tun, soll keiner wissen. Die Jugend hat keine Zukunft, nicht einmal eine Gegenwart, auch die Ältern und Eltern warten in Langeweile und Verdrießlichkeit, warten. Aber sie setzen sich zu ihrem Wehklagen recht bequem auf's Polster, Zigaretten, Apéro und sämtliche Knöpfe für Konservenkunst in behaglicher Nähe:

«der Intellekt befindet sich zur Zeit in einem Zustand der Abwertung ... »

«Schiller kann und muss zum Seelenarzt unserer kranken Zeit werden –»

«wie können wir uns retten vor der grauenhaften Leere unserer Zeit?»

«auch die Zukunft ist nicht mehr das, was sie einst war!»

«das höllische Arbeitstempo, die immensen Ansprüche einer rastlos wirbelnden Zeit an jeden Einzelnen machen die Welt zu einem Narrenhaus für Unheilbare ... »

Es ist Mode geworden, schwarze Stücke ohne Ausweg zu schreiben; man reißt sich um die Karten zur Première, um den lichtlosen Abend abgründig bedeutungsvoll finden zu können; zeitgemäß und hektisch direkt hinter der Fahne schreitend, liest man finstere Romane mit Trunkenbolden, verwahrlosten Frauen und Verbrechern als Helden; keiner wirft das Buch in die Ecke, beißt in einen reifen Apfel und lacht; vor Filmen wird Schlange gestanden – verbotene Streifen, die nur deshalb nicht verboten werden, weil sie ja das Leben zeigen, wie es ist! – und keiner schmettert einen Stein in diesen Zerrspiegel. Weder Anklage wächst aus diesem Sumpf noch Stellungnahme, keine Gesinnung – nur

Aussage, «Wahrheit», Realität, Bestätigung und Versteifung eines modischen Pessimismus.

Pessimismus ist etwas ganz anderes als diese neue Epidemie.

Der Mensch gibt sich zu sehr mit seiner Psyche ab, bis sie krank und flügellahm flattert. Das Bild der Seele als leichtbeschwingtes Wesen, bald im Dunkel der Unterwelt, bald im lichten Äther schwebend, gilt nicht mehr; heute ist ihr Symbol der Kohlenhändler, den der Einbruch des Stollens hindert, je wieder heil den Förderschacht zu verlassen!

«Das Dunkle, Verworrene, Schattenseitige, Elend, Verkommenheit, Amoral wachsen in Dimensionen des Unfassbaren – das Heitere gründet nicht tief.»

Hier wäre ein zorniger Punkt zu setzen.

Tragik ist etwas anderes, als Tränen abtupfen in einem traurigen Film –

natürlich: die unverbesserlichen Optimisten und terribles simplificateurs –

nicht zu leugnen: uneheliche Kinder irren durch eine trostlose Jugend; Ehescheidungen und Erdbeben erschüttern scheinbar felsenfeste Ordnungen, Bund für's Leben, Städte, Länder; es gibt Krüppel, Lepra, Blinde, Krebs, Mord und Krieg –

aber die kleinen, alltäglichen Sorgen sind es, in denen der Erdenbürger Selbstversorger ist, an denen die Masse der Sterblichen krankt; das große Unglück – Katastrophe, Tragödie, Untergang – findet den Menschen stark, gewappnet mit Lebenskraft und Selbsterhaltungstrieb.

Der kleinen, täglichen, geliebten Misere gilt es eine Nase zu drehen und sie dem Abfallkübel unter den Deckel zu schieben; es gilt, die erreichbaren, natürlichen Lebensfreuden wieder ans Licht zu ziehen. Es gilt, sich nicht anstecken zu lassen von denen, die an einer modischen Krankheit siechen; es gilt, als Einzelner zu wagen zu lachen und den Sinn des Lebens in der Freude zu suchen über alle Abgründe hinweg.

Wenn meine Schulkameraden, damals, spotteten und schimpften über den Familienausflug am Sonntagnachmittag und wie Adam im Paradies bei Mark Twain ausriefen: «Gottseidank, er ist vorüber!», dann konnte ich sie nicht verstehen. «Es gibt doch nichts Schöneres», widersprach ich und wurde von ihnen als Mutterkind ausgelacht: «Halt dich gerade! Ein

Stein ist kein Fußball! Hände aus der Tasche, es sind neue Hosen und starr die Leute nicht an! – Bist du so ein Augapfel und Goldsöhnchen (dies allerdings in etwas derberen Ausdrücken), dass du nicht lieber durchbrennen und zum Trotz die Hosen zerreißen würdest?»

«Mir gefällt's», sagte ich, und da verstanden *sie* mich nicht.

Mein Vater war ein gerechter, strenger Mann, eine Autorität, wie sie ein Nachkomme nicht besonders schätzt; Ordnung, Pünktlichkeit, Einreihen in das Gefüge der Mitmenschen und dergleichen konnten nicht früh genug eingehämmert werden, wobei das Hämmern nicht nur platonisch und in übertragenem Sinn vor sich ging; hier herrschte Einigkeit mit meinen Kameraden in der Insubordination, hier verstanden wir einander bis zur Rebellion, denn diese Eingriffe in den natürlichen Ablauf der Dinge fanden wir so überflüssig wie erniedrigend. Mein altes Lied –

Jedoch am Sonntag!

Da wurde die harte Theorie der Woche in wohlwollende und wohltuende Praxis umgesetzt; aus dem Getriebe des Werktags gelöst, wandelte sich der strenge Erzieher zum Vater, zum patriarchalischen Haupt der Familie und Horde und teilte mit ihr regennasse Kleider und einmalige Sonnenaufgänge, staubige Landstraßen, Hunger, Strohlager, dreckstrotzende Schuhe, Wurst und Brot am Bachrand oder auf der Bergspitze:

Am Sonntag und in den Ferien zog der Vater mit uns über Land.

Mit der Familie, über Ackerpfade, Waldschneisen, lehmige Holzwege, angeführt vom Lederstrumpf – spähend, gebückt von Baum zu Baum schleichend, scharfgeladene Tannzapfen im Gürtel – das war ich, gefolgt vom Vater, der oft, als mein indianisches Basttier, den dreirädrigen Kinderwagen auf den Schultern bergauf und weglos ins Tal schleppte, im Nachtrab die Mutter, schimpfend, lachend, blumenpflückend, den Jüngsten unterm Arm mittragend. Es scheint mir fast, als ob seit jenen Tagen erst die Worte «über Stock und Stein» und «querfeldein» ihr abenteuerliches Leben führen. Das waren die Jubelstunden meiner Kindheit; der ganze Tross mit Wagen, Hund und Herde, Küche, Train und Nachhut, oder mit dem Ältesten allein.

Ja, mit dem Vater allein war's vielleicht am prächtigsten, männlich, schweigsam, mit großen Schritten ins Neuland, wobei dem Ausdruck prächtig viel Unerwartetes einbegriffen sei: müdzitternde Knie vom

Bergabstürmen, brennende Füße nach endlosen Meilen auf Straßen und Pfaden, Durst, Sonnenbrand und Bremsenstiche.

«Beiß auf die Zähne», sagte mein Vater, und ich lernte allmählich, auf die Zähne beißen.

Es war die Entdeckung der Welt, nicht aus Büchern, nicht in der Schulbank, auf eigener Fährte ins Ungewisse und Ungewusste stampfend. «Mach die Augen auf, Lappi!» sagte mein Vater. Zögernd und mit halbem Mut lernte ich nicht nur sehen, lernte staunen, beobachten, begreifen. Wobei lernen bedeutet erleben, spielend aufnehmen, um es nie mehr zu vergessen. Tannen, Fichten, Lärchen, Arven, Eiben, Föhren – wie bedaure ich die armen Leute, die Äpfel- und Birnbäume nur unterscheiden können, wenn sie voll Früchte hangen; aber in ihrem Garten ragt eine Zeder, und sie wissen vielleicht vom Gärtner den lateinischen Namen; sie lieben die Natur, aber ihre Natur hat keine Dornen, Stinkmorcheln und Stechmücken.

«Wer die Bäume liebt, ist mein Freund», sagte mein Vater. Wir setzten uns unter die mächtige alleinstehende Buche, die für sich einen kleinen Wald und Kosmos bildet mit all dem Vogelgezwitscher, Eichkatzenhuschen, Ameisengetummel, mit Spinnen, Raupen und Käfern. Sie steht heute noch, und ehe ich zu einem Grabstein oder Kirchhof pilgerte, wo das Tote tot ist, wanderte ich zu jenem Solitär, der über ein weites Hügelland regiert und einst unsere Aula war.

«Wenn du die Namen der Nadelhölzer und Getreidearten kennst, der Unkräuter am Weg und der Blumen im Sumpf, von Pfauenauge und Apoll, von Ringelnatter und Blindschleiche, bedeutet das nicht äußerliches Wissen und Gedächtniskram, es ist ein Nähertreten und freundliches Begrüßen von Bruder Tier und Schwester Pflanze, ein Heruntersteigen des Herren der Schöpfung von seinem Postament über die Stufen nützlich und schädlich, schön und hässlich, und ein sich Anschmiegen an den Tages- und Jahreslauf der Erde.» Er sagte das in anderen, einfachen und wenig Worten – immerhin so eindringlich, dass ich bis heute jene Stunden unter der Buche nicht vergessen habe. Er trug schwer an seinen Sorgen, lebte eingeklemmt in eine routinierte tägliche Arbeit, die Ansprüche stellte in vielen Beziehungen, aber am Feiertag lebte er der Freude, dann war er Bauer, Förster, Gärtner, Gelehrter und Lehrender in vielen Fakultäten.

«Wenn du weißt, wie der Vogel heißt, der da nach kurzem Triller über den Boden huscht wie eine Maus, dann ist die Freude doppelt groß, ihm wieder zu begegnen. Es ist der Zaunkönig.»

Jede Jahreszeit, jeder Monat, jeder Ausflug barg eine Sensation. Krokuswiesen in den Voralpen, Schneeglöckchen im Bachtobel, die Obstbaumblüte am Bodensee, Gerstenfeld und Spelz als wogendes Meer im Wind und was Kleines sich dazwischendrängt, rot und blau und lila, Unkraut und schön.

«Wenn du eine reife Roggenähre in den Ärmel steckst, auf die Haut, so krabbelt sie hoch und kommt kitzelnd bei deinem Hals wieder heraus.» Nachher durfte ich die halbharten Körner herausklauben und kauen, sie schmeckten mehlig-süß, und dabei repetierten wir den ganzen Werdegang des Brotes, vom Saatkorn bis zum Erntefest; das Dreschen mit dem Flegel, die berühmte Windmühle, die das Korn von der Spreu scheidet; wir kletterten halb rutschend den steilen Mergelhang hinunter in die Schlucht, wo er am pochenden und rauschenden Objekt die Mahlgänge, die Mühlsteine, das oberschlächtige Wasserrad demonstrierte.

Meist stromerten wir fern der Straße über Feldwege und quer durch den Wald – Reh, Dachs, Fischotter – bergaufstampfend, lauschend, pirschend, jauchzend, über Grat und Moor und Lichtung – Spechte, Eichelhäher, Kaulquappen, Vogelnester, Vogelstimmen, Vögel – durch Laubwald und Schwarzwald und Jungwald – Pilze, Beeren, Haselnüsse; im schattigen Tal bei den Maiglöckchen im Mai war, wenn man Glück und leise Sohlen hatte, der Kuckuck zu sehen.

Beim großen Steinbruch durchschauerte mich etwas Unbegreifliches: das kleine Ich wurde zum ersten Mal aus dem Zentrum gerückt, als wir Ammonshörner, schwarze Haifischzähne und versteinerte Muscheln aus dem Kalkfelsen schlugen: hier war einst Meer gestanden, berghoch, jahrtausendelang, vor unfassbar langer Zeit.

«Was ist der Mensch für eine kurzlebende Laus, gemessen an diesem Stein, der einst Leben war, Plankton, Fische, Algen, Schnecken», sagte mein Vater; ich staunte und nickte stumm, «und nimmt sich so unendlich wichtig!» Das sagte er wohl halb zu sich selbst, und ich verstand es erst viel später.

«Schau in den Himmel», flüsterte er, und ich lernte die Wolken lieben – Regen- und Gewitterwolken, Schäfchen, Watteballen, Silberstreifen, Burgen, Drachen, Flügelpferde – und ich entdeckte die Sterne – Spika in der Jungfrau, Orion an kalten Winterabenden – und die Nacht.

«Schau in den Himmel, hab acht auf den Weg», ich zertrat keinen Feuersalamander an feuchten Tagen und jagte die sich sonnende Blindschleiche aus der Gefahr ins Gebüsch.

Was noch? Ameisenlöwen, Schlupfwespen, Libellenlarven, Goldrandkäfer, Teichmuscheln – und so weiter.

Ich erbte den alten Rucksack meines Vaters. Er roch nach Alpenheu, Hoffmannstropfen, Schweiß und Leder, er war geflickt und abermals zerrissen, man trennt sich ungern von einem alten Freund. Dieser Rucksack – in vielen Reinkarnationen, wenn man so sagen darf – ist mein lebenslänglicher Begleiter, als das praktischste und geduldigste Reisegepäck; verlacht von modernen Bags und Leder- und Nylontaschen, ist er mir Symbol der Selbstständigkeit und Unabhängigkeit, Rückhalt und Kraftquelle im Kampf gegen die Tücken des Fatums.

«Carpe diem», sagte Horaz, «pflücke den Tag».

«Lebe bewusst», sagte mein Vater, «freue dich nicht erst in der Erinnerung; ein Tag der vorüber ist, kehrt nie wieder, genau so ist es mit dem Leben».

Vielleicht kann ich jemanden – wie mein Vater einst mich – bei der Hand nehmen, ihn durch Busch, Gehölz und Dickicht zu der kleinen Lichtung führen, wo versteckt die Gruppe des seltenen Frauenschuhs blüht, und zeigen, wie es auch heute noch möglich ist, der Tretmühle zu entrinnen und den Weg zu finden – durch das Dickicht von Arbeit, Fron und Aufregung – in die Lichtung, den Schlüssel aufzustöbern, der, nach körperlicher Anstrengung, nach philosophischen Spekulationen und bewundernswerten denkerischen und rechnerischen Kunststücken, nach all den Werk-, Denk- und Geldverdientagen im Zeitalter der Spezialisierung, das Tor weit öffnet in die andere, heitere Welt, wo die Kunst gelehrt wird vom Spazierengehen auf der lichten Seite des Lebens.

«Fang bei dir selbst an, wenn du die Welt verbessern willst», sagte mein Vater, als ich zehn Jahre älter war, «Lebensfreude ist ansteckend!» Im Grund ein wortkarger Mann, unterbrach er die Stille nur, um das deutlicher darzutun, was sein Schweigen aussagte.

«Lass uns auf die andere Straßenseite gehen, da scheint die Sonne», sagte er.

Die Reise nach Milazzo oder Die Fahrt ins Blaue

«*What do they know of England who only England know?*»
Rudyard Kipling

«*Ihr armen Leute, seht wie ihr durchkommt;
denen, welche nicht reisen, ist nicht zu helfen.*»
Jakob Burckhardt

*Und so ist Reisen heute Mode geworden – keiner ruft:
lernt erst gehen, ehe ihr fliegt!*

Neugier und Wissensdurst sind uns angeboren; wenn wir nicht sture Hinterwäldler sind, reizt es uns zu erfahren, wie man auf der anderen Seite des Berges die Reben zieht, die Dächer deckt, die Wecken formt und was für Falter über die Wiesen flattern; neues Land, fremde Menschen, kleine Erlebnisse und große Abenteuer locken uns stets, über den See, übers Meer – auf den Mond. Mit vier Jahren marschierte ich heimlich und allein auf den Bahnhof, stieg in den Zug und rief aus dem Fenster: Abfahren! Der Zugführer verbrauchte einen Jahresvorrat an Geduld, als er dem kaum flüggen Weltfahrer klarmachte, dass mit einer schon durchlöcherten Fahrkarte keine Reise nach Tripstrill möglich sei.

Das Reisen ist Mode geworden; ganze Landstriche leben und gedeihen von der neuzeitlichen Völkerwanderung. In so viel oder so wenig Stunden fährt man heute nach New York; in wenigen Tagen ist eine Fahrt um die Erde möglich mit Besuch von Bombay, Hongkong, Japan, Panama; über Nacht kann man bei den Zebras und Antilopen unterm Äquator landen; die Welt ist klein geworden, sagt man ... Manchmal kommt's mir vor wie Betrug, wenn man über Länder und Erdteile hinweghüpft. Mister Woodhouse fragte seinen Garagisten, der in Gesellschaft nach dem Kontinent gereist war: «Nun, Bill, wie war's in den Ferien?»

«Wonderful!» sagte Bill, «sieben Länder und Wien!»

«Seid ihr auch in der Schweiz gewesen? in Italien?» fragte Mister Woodhouse.

«I don't know, ich weiß es nicht», sagte Bill, «sieben Länder und auch Wien haben wir gesehen, ganz Europa!»
«Und alles in drei Wochen», lächelte Mister Woodhouse.

Wir bekamen einst in der Schule einen neuen, jungen Lehrer von auswärts, Deutsch- und Geschichtsprofessor, der lehrte uns Sechzehnjährige unsere Vaterstadt kennen. Er wies uns auf die gotischen Giebel, die wir jeden Tag sahen – und nie gesehen hatten, die Inschrift RES SACRA MISER im alten Pfrundhaus, die antiken Fresken in der Sakristei, barocke Treppenhäuser und romantische Durchblicke; er erklärte die Herkunft der Namen von Stadtvierteln, Rebbergen, Quellbächen aus dem Keltischen und Römischen; er wusste, wo das Siechenhaus, die Richtstätte, die Tore und Ringmauern gestanden hatten, und warum unser Haus Sankt Georgen hieß, so Mannigfaltiges, was wir, die täglich unsere Schaf- und Eselswege trotteten, von unserer Geburtsstadt nicht kannten und nicht wussten. Leicht beschämt und trotzig holten wir Versäumtes nach; wir rächten uns an unserer eigenen Gleichgültigkeit, durchsuchten die Umgegend nach Burgruinen, Pfahlbauten, römischen Hochwachten; wir lernten die Heimat kennen in die Breite und Tiefe und waren befugt, die Kreise weiter zu ziehen und zu erfahren, was zwischen den sieben Ländern und Wien sich dehnt! Ich habe gelernt zu gehen und darf nun wagen zu fliegen. – Aber noch heute reizt mich auf Reisen das Verborgene und Unscheinbare; ein geheimer Ritus treibt mich frühmorgens aus dem Hotelzimmer, der Herberge, dem Zelt. Allein und ungestört durchwühle ich die Großstadt, wenn sie verschlafen die Augen ausreibt und sich noch gar nicht groß gebärdet; genieße die Stille des menschenleeren Marktplatzes eines verlassenen oder eher gottverlassenen Provinznestes, wenn die erste Fensterladen aufgeschlagen werden, die Hausfrau im Bademantel und mit Lockenwicklen nach dem Wetter ausschaut; Morgenrot, Hahnenruf, Stallgeruch und Heuduft im Dorf – dann liegt die Welt gelassen da wie ein Museum am Montagvormittag; bedächtig schlendere ich von Bild zu Bild, weder Lärm noch Hast noch die Sterne im Baedeker plagen mich, manche Alltäglichkeit wandelt sich, bewusst betrachtet, zu Kuriosum und Mirakel – wenn nicht die Hunde wären, die, da wie dort, ihre Stubenreinheit unter Beweis stellten, könnte die Morgenfreiheit die köstlichste Zeit des Tages sein.

Es gibt verschiedene Arten zu reisen – ich meine nicht Füße, Pneu, Schiene und Propeller – jeder sucht nach Neigung und Temperament seinen Weg. Die einen wissen ihr Ziel, kennen den Weg mit allen Stationen, Sensationen, Komplikationen. Sie haben doppelten Genuss, indem sie jeden Schritt ins Neuland gründlich vorbereiten. Alles ist im Reiseführer aufgezählt mit ein bis drei Sternen: Aussichtspunkte, Venusstatuen, versteckte Tavernen, Mosaikböden, Volksbräuche, Dome und Paläste – doch alles zu sehen, zu bewundern, zu verdauen, dazu fehlt die Zeit, wenn einer nicht von Gipfel zu Gipfel rennen will.

Merke: Lass dir Zeit. Zeit ist das köstliche Geschenk des Lebens; brauchst du alles zu sehen, was die andern Tausend auch gesehen haben, auf dass du mit wirbelndem Kopf abends in dein Refugium und später müde in die Heimat zurückkehrst? Jede Epoche schuf sich einen andern Grundriss für ihr Weltgebäude; Griechen, Ägypter, das Mittelalter hatten ein verschiedenes geistiges Bild des Kosmos und andere ästhetische Maßstäbe; darüber gibt es einige tausend Bücher; du aber rennst an einem Vormittag durch etruskische, koptische, archaische Säle, obschon dich die Waffen und Fahnen im Kastell, drei Gassen weiter, weniger langweilen würden. Jeder Einzelne nährt andere Leidenschaften, je nach seinem inneren Wuchs und seiner Schulbank, warum sollst du von einer Kirche zur andern eilen – Gotik, Renaissance, Barock – wenn dir Säulen, Aquädukte und römische Theater näher liegen und in der Nähe liegen? Besuche den Zoo oder das Polizeimuseum, wenn dein Kennerblick in diese Richtung zielt und dir Manierismus, Impressionismus, Inkunabeln und Tachisten gleichermaßen spanisch vorkommen; geh tapfer deine Wege, ein Fußballspiel unter fremdem Himmel, da bist du Fachmann; besuche das Wachsfigurenkabinett statt der Kunsthalle, lache und erschrecke – und sei so, wie du bist.

Wer sich für alles begeistert, der schwimmt, ohne nass zu werden, an der Oberfläche; wähle findig aus und fülle den Kopf nicht mit unverdaulichen Körnern – – – Immerhin, mancher ist gelehrig; je offener einer dem Leben entgegenschreitet, je vielseitiger seine Sinne entwickelt sind, umso erfreulicher ist die Ernte, die er unter Dach bringt.

Die einen planen ihre Fahrt wie einen Feldzug; siegesgewiss ziehen sie aus und genießen wohlbedacht die Wunder, die für sie entdeckt wurden; die andern aber steuern auf eigene Erkundung, nach Südosten, nach Nordwesten. Man steigt aus, hält bequem Umschau, man verweilt, lässt sich überraschen, nimmt in Kauf, was Übles den Weg verbaut, und lobt den üppigen Fischzug in fernen Gewässern.

So oder so, Reisen ist Loslösung vom Alltag – oder sollte es sein. Man lässt darum am besten den gepackten Koffer zuhause – und möglichst auch sich selbst und schickt ein neues, sorgenloses, unbeschriebenes Ego in die Welt.

Nun folgt als Exempel einer Fahrt ins Ungewisse der Ausbruch eines Halbgezähmten aus seinem Gehege:

Ich hatte genug des Studierens in sonnenlosen Hörsälen, genug der Stadt. Ich verkaufte Mikroskop und Achatmörser und wanderte aus. Das war nun das Meisterstück eines erblich belasteten Landfahrers: Ich wanderte aus ins Blaue, ins Grüne, ins Aschgraue, ohne Ziel. Vademecum und Kompendium überließ ich Mäusen, Staub und Büchermilben, verfrachtete den Koffer nach einem südlichen Hafen und fuhr Tag und Nacht, die berühmten Orte mit Museum, Mausoleum, Kolosseum überhüpfend, auf hölzernem Polster nach jener Hafenstadt, die Sprungbrett und Startplatz sein sollte für das große Wagnis. Der Koffer war eine geerbte, große, grüne, alte Seemannskiste, in deren Kampferduft alles ruhte, ohne das ein zivilisierter Abendländer nicht auskommen kann; die paar legendären Bücher, die man sich wünscht, wenn man auf einer einsamen Insel gestrandet ist, Malkasten und Aquarellblock, Seife und Waschlappen für ein ganzes Leben, «Flora des Mittelmeers» und jungfräuliche Tagebücher für dreizehn Bände Memoiren, die Sonntagsschuhe und die Werktagshosen, Reserveschuhnestel, -hosenträger, -kragenknöpfe, -rasierklingen und was weiß ich, all die unentbehrlichen Fundamente für ein Leben in der Fremde.

Ich kenne den Bahnhof jener Seestadt gründlich, mit allen Güter-, Gepäck- und Magazinräumen, kenne das Konsulat, sämtliche Nischen und Verstecke des Zollgebäudes, die Schreibstube der Orts- und Landespolizei, denn ich suchte nach meiner grünen Reisekiste. Lachend begrüßten mich bei jedem neuen Besuch und Versuch die Beamten hinter dem Schalter und lachten weiter hinter meinem Rücken: perbacco, der Verrückte mit seiner grünen Kiste!

Ich kenne jene Stadt da, wo sie am lautesten poltert und man in dem brausenden Lärm sein eigenes Fluchen nicht mehr hört, und auch die stillen Viertel, wo die fetten Ammen und die schmalen Kindermädchen auf marmornen Bänken gelangweilt ihre Schäfchen, die im Sandhaufen wühlen, bewachen. Ich lungerte morgens im Hafen herum, wenn die Fischer einfuhren und laut räsonierend die Beute teilten, Netze flickten, Karten spielten, oder wenn bei Sturm rote Fahne und rote Ampel den Barken die Ausfahrt verboten. Ich weiß heute noch Nummern und Endstationen der Straßenbahn; ich war Dauergast in den Reisebüros und Schiffsagenturen, war Dauermieter in einem düsteren Rasthaus; ich wusch heimlich Hemd und Socken und wartete auf meinen Koffer.

Immerhin tröstete mich mein Rucksack; er hatte drei Außentaschen und einen Karabinerhaken und stellte zusammen mit meiner Jacke und ihren fünf bis sechs Taschen das geräumige Mobiliar des Rittergutes eines fahrenden Ritters auf der Suche nach der grünen Truhe dar. Mit diesem Felleisen oder Ränzel durchwanderte ich die Außenviertel der Stadt, die Hügel ringsum; bald kannte ich die Inseln der Bucht, den Kurs der Dampfer, die Namen der Fische und die Vornamen der Fischer und ihre billigen Kneipen.

Ich verlängerte den Radius und zog den Kreis weiter, der Wartesaal dehnte sich zur Warteprovinz; ich fand in einem lieblich-bizarren Städtchen mit einem griechischen Theater, das übers Meer schaute, Arbeit, Wohnung, Freundschaft – und endlich ein Trio junger Landsleute auf der Jagd nach Altertümern.

(Schon auf der Schule hatte einige von uns die Sehnsucht nach dem Sonnenland gezwungen, die Sprache der Südländer zu lernen. Um der Gemütsart dieser Sonnenbrüder näher zu kommen, sangen wir Canzoni aus einem abgegriffenen roten Büchlein; Garibaldi erschien in dur und moll in diesen Liedern, als Haudegen, Befreier, Sieger, Held – Begriffe, die die Jugend bewundert; Quarto, Marsala, Gaeta wurden für uns zu Hauptstädten des Landes, der Volturno war neben dem Rubikon der einzige bemerkenswerte Fluss. Vor allem aber bestrickte uns Sänger der Marsch von der Camicia Rossa mit der Strophe:

Quando a Milazzo passai sergente
Camicia rossa, camicia ardente – – –

wo auf das rote Hemd das Ehrenzeichen des Sergeanten aufgestickt wird. Garibaldi siegte mit seinen Tausend bei Milazzo am 20. Juli

1860 gegen General Bosco. Warum gerade das Wort Milazzo für mich zum Feldruf und zu einem magischen Ausdruck für Ungebundenheit, ozonreiche Luft, saubere Gesinnung, Freiheitsbäume wurde, das weiß niemand – außer vielleicht Garibaldi, der in jeder Ortschaft, in Stein oder Bronze, auf seinem Sockel steht.)

Meine neuen Gefährten kamen von Ruinen, redeten von Ruinen, steckten voll von Stelen, Metopen, Architraven und anderen Trümmern; stilgerecht machten wir Bekanntschaft in den Ruinen des Theaters, wo ich die Abendbeleuchtung zu bewundern pflegte, sie aber im Boden grübelten, die Orchestra abschritten, die Stufen oder Sitzreihen zählten und versuchten, mir klar zu machen, dass dieses verwüstete Opernhaus von den Hellenen konstruiert, von den Römern restauriert und durch die Sarazenen demoliert worden sei. Wir saßen auf einer umgekippten Säule wie die Hühner auf der Stange, den verschneiten Gipfel des Ätna vor uns, und ich brachte den neuen Freunden die alten Lieder bei. Ein lauer Frühling umgab uns; zwischen Säulen und Zypressen leuchtete das Abendmeer; ein leises Zittern des Glücks lief über den Körper, das empfindsame Schweigen näherte sich Heimweh und Rührseligkeit – – da psalmodierte ich wie ein gelernter Sohn des Landes mit geschwollenen Halsadern: Quando a Milazzo … und infizierte meine Verbündeten mit meinem Urstandfieber und Hochflugbrand: Auf nach Milazzo! Ich spielte mich als Vielwisser und Weltfahrer auf, anerbot mich, Führer zu sein in jene sagenhafte Gegend. Nicht mit der Bahn, nicht auf der Nationalstraße, sondern quer durchs Land wollte ich meine Gefährten leiten. Sie hatten vieles gesehen, dorische Tempel, Kirchen mit Erinnerungen an die Maurenzeit, an die Normannen, mit Mosaiken, grotesken Kapitälen, Bronzetüren, stolze Burgen, Porphyrsärge, Latomien und Gräbergassen – sie hatten viel gesehen, waren etwas müde der vergangenen Jahrhunderte, sie schlugen ein, ließen das Gepäck beim Pförtner stehen und zogen mit mir auf der Straße in die Welt. Vom Meer nordwestlich über die Berge zum Meer.

Immerhin, man riet uns ab, ins Innere vorzudringen.

«In den Orten rings um den Ätna wird erdolcht, erschossen, ermordet –», sagte ein Fischer am Strand.

«Da herrscht Blutrache, Mafia, Anarchie –», der Zweite.

«Lasst sie laufen», lachte der Ditte, «wir sind Briganten, aber ehrlich, wir schlachten nur Landjäger und eigene Leute – die Fremden bleiben ungeschoren!»

Wir ließen uns nicht einschüchtern; mit unserer simplen Ausrüstung, dem schmalen Geldbeutel, dem guten Gewissen und dem kindlichen Gemüt konnte uns kein «Händehoch» und Schreckschuss bange machen. Damit sind wir nun so weit, den Bericht von der Reise nach Milazzo zu beginnen; wenn er auch keine Pointe besitzt, so hat er doch einen feuersprühenden Schluss.

Die Straße lief neben, über, längs eines Flusses mit dem spanischklingenden Namen Alcántara.

«Das beweist, dass Ferdinand der Gerechte, Alfons der Gutmütige und mancher Karl und Philipp hier herrschten, denn das waren Spanier –», dozierte das geistige Haupt unseres Lustfahrerquartetts – womit es Zeit ist, endlich meine Partner vorzuführen:

Wir waren zwei Paare (aber von der Lenzes-, Liebes-, Herzensseite her sind keine Abenteuer zu erwarten): Erstens ein cand. phil. voll Wissen über Kunst, begleitet von einem zierlichen Spazierstock mit Elfenbeinknopf und Lederschlaufe, zweitens eine junge, heitere Blonde, behängt mit der landläufigen Strohtasche für die Futtermittel, drittens eine hochgeschossene, hübsche Schwarze, unbeschrieben und wissbegierig, in weitem Leinenrock mit vielen Taschen, einem himmelbreiten Florentiner Strohhut, abwechselnd links und rechts eine Amphore schleppend mit dem Wasch-, Rasier- und Trinkwasser; alle drei verband nichts als Liebe zu antiken Ruinen und (drei Wochen im Jahr) Lust am freien Leben; schließlich folgte als Train und Nachhut der Rucksack, vollgeschüttet mit den allernötigsten Siebensachen der Karawane – Kamm, Nagelfeile, Nachthemd, Streichhölzer, Zahnbürste – und sein Träger.

Es ging sachte bergauf, die Olivenhaine blieben zurück, das Tal lag verlassen. Da schon keine Wagen fuhren, die die Kosten des Straßenbaues gerechtfertigt hätten, nützten wir die volle Breite, indem wir in einer Linie marschierten, was den Kandidaten bewog, uns als vorderste Reihe eines Auditoriums zu betrachten: «Als Treffpunkt aller Kulturen des Mittelmeerraumes, seit den frühesten Zeiten, hat uns die Insel mannigfaltige Überraschungen zu bieten ...»

«Mich wundert, wo wir heute nächtigen werden?» fuhr die Blonde logisch fort, worauf eine Stunde lang der Dozent beleidigt verstummte und nur unsere Schritte auf dem staubigen Weg und der Fluss zur Linken, der versuchte mit Wasserfällen eine Schlucht in die Lava zu graben, die Stille unterbrachen, bis die Gelehrsamkeit wieder Mut fasste: «Der Küstensaum birgt Blumen, Düfte, Früchte, Wohlsein und die meisten Kunstschätze. Im Inneren des Landes aber …»

«Wir sind im Begriff, ins Innere zu gehen», fiel man ihm in die Rede, «wir werden ja sehen.» Erst nach drei Kilometern zu zwölf Minuten fuhr er fort: «Hinter der glanzvollen Fassade der erlesenen Kunstwerke verbirgt sich die Armut der Bewohner …»

«Es gibt Leute, die wissen alles», schnitt man ihm wieder das Wort ab, «es gibt solche, die wissen alles besser, und andere, die wissen alles schon vorher!»

Während der folgenden Schweigestunde senkte sich unvorbereitet die Nacht über das Tal.

Unvorbereitet heißt hier unvorbereitet.

«Wenn wir eine Karte hätten –», sorgte sich der Magister. Der Führer und Pfadfinder schwieg: Ich wusste auch nicht, wo wir waren.

«Wir *haben* eine Karte», sagte die Blonde und fischte aus ihrer Bauerntasche das Gewünschte.

«Wenn wir jetzt ein Licht hätten!»

«Wir haben ein Licht», brummte die Dunkle und angelte aus irgend einem Versteck ihres geräumigen Rockes eine Taschenlaterne. Mit diesem fadenscheinigen Scheinwerfer befragten wir vergeblich die Duodezausgabe einer Landkarte: Rouen war drauf und Bratislava, aber auf unserer Insel hätten sich kaum zwei Fliegen Gutenabend sagen können. Keiner schimpfte im Weitergehen; wir waren groß im Ertragen von Schicksalsschlägen. Schwach leuchtete die Straße aus dem Dunkel, der Strohhut der Schwarzen, die Strohtasche der Blonden.

Endlich fern ein Funkeln. Wir atmeten auf. Zum Biwakieren im Freien war es zu kühl; wir schritten wacker dem Glanz entgegen. Ein Licht in der Nacht ist wie Heimat, in die man zurückkehrt (Dach, Daunendecke, Kachelofen, Henkeltasse) – links über eine Brücke, der Schein blendet – der Schein trügt: Wir stehen vor dem surrenden Turbinenhaus eines Elektrizitätswerkes.

«Mindestens 7500 PS», meinte der cand. phil., «allerhand für dieses trockene Land.» Tausende von PS, aber weit und breit kein Tor, keine Klingel, kein Türklopfer, kein Portier. Zurück über die Brücke im Dunkel.

Mir gefällt's, nachts unter den Sternen zu wandern, schweigend im unbekannten Tal; jeder ist weit weg vom andern, wandert durch die Paläste und Höhlen und Hütten seiner Gedanken, Träume und Ängste und ist dennoch den Kameraden nah und verbunden – die letzten Menschen auf dunklem, ausgelöschtem Planeten, aus dem Nichts ins Nichts marschierend, gelöst, glücklich, mit einem leichten Schauer im Rücken – – Teufel! Blitz, Donner, Schädelbruch, Untergang! – ich prallte gegen etwas Hartes, Stabiles, die Mauer am Ende der Welt! Feuchtes rinnt, Blut tropft – «Licht!» rufe ich – das Blut ist Tinte. Aus der Brusttasche meiner hellgrauen Jacke rinnt es schwer und schwarz – ich war im Träumen und Schnurren gegen den Mast der Kraftleitung gerannt – auch die Hosen sind Zeugen meines nächtlichen Kampfes mit dem mächtig ragenden Speerschaft des Fortschrittes. Ich werde von nun an mit dem Bleistift schreiben.

Die Blonde mariniert mich mit den Zitronen aus ihrem Ridikül; mit dem Wasser aus dem Krug der Schwarzen werde ich begossen; der Kandidat beleuchtet die Szene und meint: «Wenn wir jetzt ein Bügeleisen hätten», aber keine der Damen zieht eins aus den Rockfalten.

Weiter. Jeder kaute an einem Stück Brot. Es ging gegen Zehn, kein Haus, kein helles Fenster.

«Wo wohnen denn die Menschen, die hier das Land bebauen?» fragte es aus dem Dunkel.

«In diesem Land gibt es keine Dörfer», erklärte der Magister. «Wegen den Banditen ...»

«Huch, mach mir nicht Angst!» lachten die Mädchen.

«Wegen Banditen und Malaria findet man selten Einzelgehöfte. Die Städte sind Haufen zusammengekehrter Dörfer und Weiler. Frühmorgens zieht der ganze Tross von Karren, Eseln, Bauern aufs Feld, das nicht ihr Feld ist, oft stundenlang, lagert sich mittags unter einem Baum, wenn einer da ist. Zu Brot, Oliven, Zwiebeln und Tomaten trinkt man Wasser, selbst wenn im Weinberg gearbeitet wird; dem Ochsen, der da drischt, wird mächtig das Maul verbunden. Die Armut übersteigt die Bedürfnislosigkeit um einiges; müde trottet man abends den langen Weg zurück in die Stadt, die so gar nichts hat von einer Stadt. Wer von der ‹Königin der Inseln› redet, wie einst Goethe, der hat an den mageren Schafweiden, der blatternarbigen Schwefelgegend, den Weizenwüsten, der Verarmung und den Analphabeten vorbeigesehen.»

Während diesen gar nicht munteren Reden stelzten wir schweigend weiter, Probleme wälzend, Hunger stillend, Welt verbessernd, die eigene Obdachlosigkeit vergessend – um, von Hundegebell erschreckt, vor einem einsamen dunkeln Haus stehen zu bleiben, zu rufen, zu klopfen, zu singen.

«Es gibt ja gar keine Einzelgehöfte nach der Rede unseres klugen Mentors, es kann nur ein Gespinst aus Wunsch und Müdigkeit sein», spotteten die Damen. Bei Tag erwies sich der Bau als dunkelrot gestrichenes Heim des Wegmeisters Km. 67,341.

Der Mann finster und unrasiert, die Frau mütterlich besorgt, beide aus dem Bett kommend, sagten nicht viel und forschten nach nichts, führten uns treppauf in die Schlafkammer. In diesem Raum konnte kaum etwas verborgen bleiben, drum rüsteten wir uns im Dunkeln zum Schlaf – es wäre so einfach gewesen, wenn wir zwei stichhaltige Paare gebildet hätten; so krochen wir jungen Männer in das noch warme Ehebett, die Damen auf das Lager der Kinder an der andern Wand. Wir waren müde, schon halb im Schlaf hörte ich meinen Bettgenossen noch dozieren über den vulkanischen Charakter der Bewohner eines vulkanischen Bodens, schweigsam, misstrauisch, wild aufbrausend, aber treu der Sippe und gastfreundlich: Frage mich keiner, wo unsere Wirte die Kinder hingelegt hatten und sich selbst.

Am Morgen wieder Straße, Meilensteine, Staub.

Eine Stadt am Berg, vor Erfindung von Café, Schaufenster, Wasserleitung, Kanalisation, Kino, Bank und Apotheke, aber mit unerhörtem Blick auf den Ätna.

Am öffentlichen Brunnen entblößten wir uns, so weit es die Tugendhaftigkeit des Schauplatzes und die Schamhaftigkeit der Zuschauer erlaubte, und wuschen uns, bewacht von zwei Gendarmen im Zweispitz, die die aufgeregte Runde der Weiber, die ihre Amphoren und Kupferkessel füllen wollten, in Schach hielten.

Ein Frühstück wurde uns nicht geboten; so nährten wir uns wieder von vorgestrigem Brot während des Aufstiegs in die Berge. Kahle

Berge, verlassene Gegend, wüstes Land, trockene Hänge – welcher Gegensatz zu den Acker-Gärten, den Weinebenen, Agrumenwäldern mit dem betäubenden Duft von Orangen und Zitronen; hier oben riecht es nur nach dem trockenen Zwergurwald des Mittelmeers: Thymian, Rosmarin, Wacholder und geröstetem Sandboden. Über Brücken, Serpentinen, durch Gestrüpp, trockene Bachläufe, Hitze, Felsen, aufwärts unter blassblauem Himmel. Ein Hirte trank aus unserem Krug; der Esel eines Bauern trug meinen Rucksack; ein Jäger knallte nach einem geträumten Fasan; der Kandidat marschierte voraus, mit seinem Stöckchen Eidechsen scheuchend; die Mädchen lockerten ihre Blusen; die Sonne stach ohne Erbarmen. Die Kunst, Eis zuzubereiten – mit Säften, mit Früchten, mit Nüssen und Beeren, die Sucht, Eis zu schlecken vom frühen Morgen an, sind auf der Insel zuhause, aber nur weit unten am Küstensaum, zwischen anderer Kultur und Kunst; hier oben herrscht nur das unstillbare Bedürfnis, Zunge, Magen und Schädel mit Eis zu kühlen; das Trinkwasser in der Amphora war lauwarm.

Endlich der Grat, die Passhöhe, Pinienwald, kühler Wind; vor uns Hügel, Schluchten, Lavafelsen; tiefer fruchtbare Hänge; in die Weite sich verlierend die grüne Ebene und das Meer. Ins dunkelblaue Meer hinaus tastete sich eine schmale grüne Halbinsel; dort unten, weit dort unten: das Kap von Milazzo! Ich verriet nichts – am Horizont schwimmen Lipari und die äolischen Inseln, dann nur noch Blau, ein gewisses Fragen und Staunen. Hinter uns im Süden, immer höher, immer mächtiger, der Ätna mit dem grünen, Früchte, Korn und Geld spendenden Fuß, darüber der violett-grüne Aschengürtel, gekrönt vom schneeigen Hut.

Jubelnd eilten wir abwärts. Singend, im Gleichschritt, zogen wir am Samstagabend in eine stolze graue Berg- und Burgstadt. Von weither ritten die Bauern heran zum morgigen Kirchgang. Mutter und Kind in Tracht auf dem Esel. Belebte holprige Gassen und Treppen, bunt bemalte Zweiräderkarren, geschmücktes Maultiergeschirr, Ziegen mit kunstvoll gedrechselten Hörnern ... Ein neugieriger Alter führte uns vor sein gläsernes Weinfass, den Bottiglione, schenkte aus, schenkte ein, schenkte uns den Trunk gegen eine Zigarette. «Die Gastfreundschaft in diesem Land ...», wollte der bewährte Kommentator beginnen, doch der grelle Klang von Trommel und Schalmei machte ihn verstummen.

Der simple Gasthof hieß «Avvenire», doch wir konnten ihm keine blendende Zukunft prophezeien.

Um die Sache kurz zu machen: Marsch in der Hitze bergab. Kilometer-Kilometer-Kilometer. Dann hergewehter Duft von Orangengärten; kurze Fahrt in den ältesten Bahnwagen des Kontinents durch endloses Weingebiet; kurzer Weg über die Landzunge, wuchtig schlägt das Herz in Erwartung, dann schneller, freudiger; das Kastell glänzt auf in einem Sonnenstrahl –; glorreicher Einzug in Milazzo!
Wir wohnten in einem Palast mit hausbreitem Balkon über dem großen Platz.
Der Platz aber – – –
Buntes Menschengewirbel – Jubel – Korso – Fest! Feierliche Abendprozession, fröhliche Beleuchtung aller Fenster, Teppiche, Blumen, Posaunenchor und Dudelsack; alle unsere Lieder hörten wir singen und sangen mit – Milazzo ein Jubelort, Milazzo eine Freudenstadt, ein Freudentag – Riesenfeuerwerk, wie es so strotzend und sinnlich nur in den Gegenden rund um Vulkane verpufft wird, ein wirbelnder Überfluss von sprühenden, spuckenden, knatternden Sternen und Sonnen über den Köpfen der staunenden, wogenden Menge – alles für das glückliche Quartett auf dem Balkon des Palazzo!

Das war das Beispiel einer Fahrt ins Blaue, ohne Gepäck, mit einem vagen Ziel: Richtung Westnordwest.
Übrigens: Auch als Monate später an einem Wochenende eine Yacht am Strand jenes freundlichen Städtchens mit dem antiken Theater, das den Ausgangspunkt des Spaziergangs nach Milazzo bildete, ankerte, der herübergeruderte Konsul mich erstaunt identifizierte und lachend die gelandete grüne Arche avisierte, waren der Koffer und sein Inhalt längst nicht mehr lebenswichtig. Daher merke den Spruch des klugen Kandidaten:
Das leichteste und bequemste Reisegepäck ist ein Checkbuch in der Brusttasche.

Nachschrift: Geh heute nicht nach Milazzo; erfinde ein anderes Wort, das deine Sehnsucht in die Welt symbolisiert. Die Stadt wurde vom

Krieg zerstört, neu aufgebaut, sozusagen mit verbundenen Augen, ohne Senkblei, ohne Metermaß, ohne Mitleid; geblieben ist in der Burg am Hang zwischen goldgelben Blumenwiesen, vergittert und bewacht, das Gefängnis und im Hafen die «Stella d'Italia» mit einigen Betten, Fischsuppe, hunderttausenden von Fliegen und dem äolischen Wein; unverändert geblieben, seit Herr Baedeker 1905 schrieb: gelobt! – Aber das allein lohnt die Reise nicht!

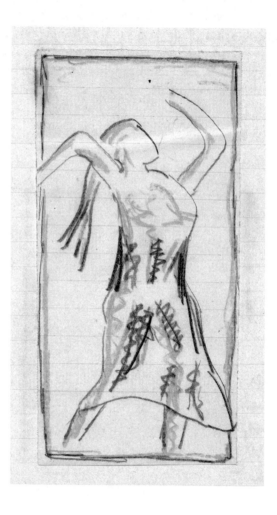

Spaziergang im Herbstnebel

Herr Binz lebte zehn Jahre in Westafrika auf einer Faktorei, wo er die Ablieferung von Kakao-Bohnen oder Palmöl kontrollierte, als einziger Weißer inmitten von noch wenig europäisierten und arabisierten Afrikanern. Interessant – Einsamkeit – das erschütternde Schweigen – dazu Negerlachen, Negerkunst, wilde Tiere, fremde Pflanzen; Stammesfehden, Hochzeitsbräuche, Mission und Tradition, ein Leben voller Fremdheit, voller Probleme! Ganz und gar nicht, wenn man hört, was Franz Binz zu erzählen hat von den Jahren im schwarzen Land. Abgesehen von viel Whisky und viel Ungeziefer, berichtet er die bekannten Anekdoten, die in ganz Afrika erzählt werden, von der schwarzen Mamba auf dem Sofa im Bungalow, von dem Nashorn, das sich am Kühler des Wagens den Schädel einrannte, den gutmütigen Schwarzen mit der großen Seele und dem Hirn achtjähriger Knaben. Er hat viel erlebt, sehnt sich wieder zurück: großartig! einmalig! spannend! – aus.

Die Sitte des Erzählens ist verloren gegangen, die Fähigkeit, lebendig erzählen zu können und – die Kunst zuzuhören. Der beste Gesellschafter ist der, der zuhören kann und höchstens durch ein wohlüberlegtes gescheites Wort den Lauf kurz unterbricht.

Erzählen soll ich? Gut, ihr habt recht, ich werde erzählen, ganz altmodisch, so wie es mir in den Sinn kommt. Das Kaminfeuer gibt gerade hell genug, um zu verhindern, dass einer einschläft; macht's euch bequem. So ein Old Traveller hat viel Aufregendes und Reizvolles in seiner Erinnerung aufgespeichert, von Schmugglern und Schiffbruch, von Zeltlagern in der Steppe, von Vulkanen auf felsigen Inseln, aber heute bleiben wir in der Heimat. Ich führe euch zu den blauen Bergketten im Westen – Ihr rümpft die Nase, ihr kennt die Hügelzüge, die neben einander liegen wie eine Herde buckliger Urweltschafe, schlafend und leise atmend, mit einem Vlies von Tannenwald oder einer gestutzten Mähne von Buchen auf dem Grat, dazwischen die langen Täler mit endlosem Weideland – ich weiß, ich weiß: Ohne Wasserfall und romantische Ruine oder Blick auf das Alpenpanorama, ein Landstrich ohne Sensationen, aber geschaffen für jene, die noch nicht vergessen haben, dass die Füße zum Gehen eingerichtet sind, ein Gesundbrunnen für müde Augen, malträtierte Ohren, gequälte Nerven, mit Grün und Stille und guter Luft. – Wenn ihr mal wandert, wartet ihr auf klares Wetter, zieht hinaus in Gesellschaft in die Täler, längs den Höhen, durch die Klusen, in der Sonne und im Schatten der zerzausten Föhren, die sich mit nackten Wurzeln an die Felsen klammern, schwatzend und singend und am Feuer Zigeunerbraten an den Spieß steckend – doch wie ändert sich das Bild des Landes, das man von Jugend auf kennt, wenn man allein marschiert, wenn man die Kunst versteht, sich einzubilden, man wäre das erste Mal hier. Und wie verwandelt sich alles, wenn man den Begriff «schönes Wetter» weiter fasst, Regen, Sturm und Nebel einbezieht! Die Bewohner der britischen Inseln, wo Sonnenschein und Regen recht nach beinander wohnen, behaupten, es gäbe kein schlechtes Wetter, sondern nur schlechte Kleider; das erklärt, weshalb sie stets der Schirm begleitet und sie dem Regenmantel – abgenützt und von Ruß und Nebel imprägniert – mehr vertrauen als Barometer und Wetterorakel.

Lasst mich ein neues Scheit aufs Feuer legen: Ich führe euch hinaus in den feuchten Herbst; wie wonnig, wenn man dabei die Wärme von den Füßen aufwärtssteigen fühlt und der heimatliche Duft des brennenden Holzes sich dem Atem mengt.

Ich wanderte zur Herbstzeit auf einem Bergsträßchen von einem stillen Längstal ins andere, die Buchen fingen gerade an braun zu werden, rot leuchtete das Laub eines wilden Kirschbaums aus dem Wald zwischen hellgelbem Feldahorn. Ein feiner Regen zögerte nieder, das passte zu meiner Stimmung; ich war herbstlich traurig und wusste nicht recht, warum – einsamer Wanderer am Abend und so weiter, vielleicht kennt ihr das; auf dem Waldboden tummelten sich unzählige Pilze, und wenn ihr mich fragt, ja, ich hätte euch einen Tragkorb voll Morcheln, Reizkern und Ziegenbart bringen können, von den vielen ungenießbaren Blödlingen ganz zu schweigen. Auf einer Weide standen Schafe und sagten kein Wort, ließen die Ohren hängen und machten Gesichter, als ob sie sich sorgten, dass ihre Wolle im Regen eingehen könnte. Im Tal, das vor mir lag, schlich ein grauer Nebellindwurm zwischen dunkeln Tannen, und ich stieg hinunter in den Nebel.

Jetzt könnt ihr die Kinder in die Küche schicken oder ins Bett, es kommt so etwas wie eine Liebesgeschichte.

Ich schüttelte das Wasser von meinem Hut, ich schritt hinein in Dämmerung und Nacht. Keine entschlossene, samtschwarze Nacht, wankelmütige, graue Feuchtigkeit umhüllte mich und durchdrang mich und löste mich auf zu Gedankenfetzen und matten Traumlichtern. Kein Himmel, kein Unten, ich schwebte und fühlte dennoch die Tritte aufstampfen; ich fühlte ein leises Glücksgefühl sich meiner milden Traurigkeit verweben. Ich kam an einem verlassenen Bahnhof vorbei mit einer ärmlichen Laterne, deren Licht lustlos-rot mit dem Dunst kämpfte. «Durch Nacht und Nebel» heißt's in manchem Lied; wenn in der Nähe eine Ortschaft lag, ich sah sie nicht und hörte keinen Laut; gab es Pappeln längs der Straße oder Ebereschen, ich sah sie nicht. Ich vernahm nur meine Schritte, und ich dämpfte meine Schritte, um die dunkle Nebelstille nicht zu stören.

Langsam wurde mir das Herz warm und heiter, ich war jung und konnte mich noch freuen über einen Gang auf dunkler Straße im nassen Mantel; ich hörte sonderbares Klingen und Rauschen, das war ein ferner Eisenbahnzug, das war der Fluss, der in meiner Richtung fließen musste, ich wusste es nicht, ob fern ob weit, sonderbares Klingen und Rauschen – wenn ich plötzlich eine menschliche Stimme gehört hätte, ich wäre tief erschrocken. Aber ich hörte Schritte. Auf der anderen Seite der Straße ging ein leichtfüßiges Wesen; ich sah mich gezwungen, schneller zu marschieren und dabei die Straße zu queren.

«Bon soir», sagte ich.

«Ich kann gern allein gehen», kicherte eine Mädchenstimme.

«Es kommt auf den Tonfall an», lachte ich, «es klang wie eine freundliche Einladung.» Ich war jung und keck genug, ein Frauenzimmer auf der Straße anzusprechen.

«Wohin so spät?» fragte ich.

«Nach Hause, wir sind gleich dort», sagte sie und fing an zu erzählen. Es schien, sie war froh, nicht mehr allein gehen zu müssen, es schien, als ob der Nebel die Menschen zutraulicher machen würde. Ich dachte an die zwei lieben schwarzen Schäfchen auf der Weide am Nachmittag, die sich in die Mutter hineinkauerten – lacht nicht über den Vergleich, ich hatte auch ein bisschen Bedürfnis nach Wärme und Mütterlichkeit und freute mich über die Nähe des Mädchens.

Sie komme vom Bahnhof, sagte sie, aus der Stadt, von der Musikstunde, und da die Station so weit vom Ort liege, gehe sie zweimal in der Woche diesen abendlichen Weg. Sie habe einen Bruder, der sei Uhrmacher, und eine Schwester, die warte mit dem Nachtessen auf sie. Sie bringe einem noch kleineren Mädchen das Klavierspielen bei, bald werde sie in die große Stadt reisen, um noch mehr zu lernen, denn Musik, Musik ...

«Ich habe vorhin auch Musik gehört», sagte ich und erzählte von dem Klingen und Rauschen, dem Fluss im Grund. Das Fallen der Tropfen, ein leichter Windstoß in den Blättern, und die bunten Herbstblätter, die jetzt schwarz und unsichtbar sind, rascheln zu Boden, ein ferner Peitschenknall, ein Hundegebell, das Glockensignal der Bahn, das Surren der Drähte und Telefonstangen, und das selige Rauschen im Ohr, das alles zu Musik verbindet ...

«Schön!» sagte sie und blieb stehen. Sie sagte dieses «schön» so entzückend, so herzlich, dass ich mir ein leichtgeneigtes Köpfchen, einen halboffenen Mund und glänzende Augen vorstellen konnte; ich war verliebt in ein Gesicht, das ich nie gesehen.

Oho, denkt ihr und seid schon gewillt, mich tüchtig auszulachen: Bei der nächsten Straßenlaterne, wenn er ihr Gesicht im Lichte sieht, wird seine Verliebtheit schnell auf den Nullpunkt abgekühlt werden; wartet noch ein paar Schritte, bitte – ich nahm ihr die Musikmappe ab, und wir schritten weiter.

«Seid Ihr ein Wanderer?» fragte sie.

«Ja», antwortete ich heiter und lächelte über diesen meinen neuen Beruf, den es nur noch in Gedichten und Jungmädchenköpfen gibt; vielleicht hatte sie heute ein Eichendorfflied auf dem Klavier begleitet, vielleicht träumte sie von Scholaren und dem Prinzen, der sie auf sein Ross hob und mit ihr in die Weite ritt.

«Dann ist es wohl vergnüglich, allein zu wandern», unterbrach sie meine Gedanken, «wenn man Musik hört aus Nichts und Nebel.»

Ich lächelte ihr zu, aber das konnte sie ja nicht sehen; drum griff ich nach ihrer Hand, ich war glücklich und atmete den Duft ihrer Nähe, den der Nebel nicht in die Weite fliehen ließ.

«Einem Mädchen würde das wohl kaum gelingen, allein und so ... Schade, ich hätte Lust, frei und heiter durch das Land zu ziehen, allein oder ... oder ...»

«Oder mit mir», ergänzte ich und blieb stehen, «bestes Mädchen, mit einiger Phantasie können wir es uns ja vorstellen, dass wir zusammen die Welt durchwandern, der Nebel lässt uns alles sehen, was wir wollen, Zypressen auf runden Hügeln, Weinlauben und Olivengärten, weiße Kuppelhäuschen unter Palmen, ein Busch wächst herauf und überdeckt die Terrasse mit tausenden von dunkelvioletten Blüten, die Terrasse schaut aufs Meer, und das Meer leuchtet und rauscht und singt – komm mit …»

«Ja», sagte sie zögernd, «aber nur bis zum Stadttor, dann musst du mich allein lassen, dass ich nach Hause eilen kann –»

Hand in Hand schritten wir weiter, bis zu einer trüben Laterne in einem engen Tor, vor dem blieb sie stehen. Im schwachen Licht konnte ich schwach ihr Gesicht sehen: Lustig kräuselte sich hellbraunes Haar unter einer roten Mütze hervor, ihre Augen spiegelten trotz der Dunkelheit das liebenswerte Jugendleuchten eines lebensneugierigen Mädchens.

Ich küsste sie in Nacht und Herbst. Einmal, leicht und süß; dann rannte sie durchs Tor, und ihre Schritte klapperten lustig auf dem Pflaster –

Jetzt könnt ihr die Kinder wieder hereinrufen, wenn sie noch nicht schlafen, es ist Schluss mit Küssen – und war ganz harmlos. Das sind so kleine Erlebnisse eines Wanderers, eine gütige Fee taucht auf aus dem Grau des Lebens und schenkt eine Hand voll Glück. Aus –

Ich schritt leicht durch das Tor an einem alten Brunnen vorbei, sah ein Gasthausschild und stieg die Treppe hinauf.

Hilde hieß der Sonnenstrahl –

Man tischte auf, was hier so üblich ist, Forellen blau und einen weißen Wein. Der Mantel hing am Ofen, vom Hut tropfte es in den Schirmständer, ich streckte die Beine von mir und war gewillt, eine gemütliche Stunde hinter dem Glas zu verdösen vor dem Schlafengehen. Aber ich fand keine Ruhe, es zog mich wieder hinaus in die Nacht.

Es nieselte immer noch vom Himmel; die breite Straße, fast ein Marktplatz, lag schlecht beleuchtet zwischen alten Häusern. Menschenleer und verwunschen. In drei Schritten fast war ich beim andern Tor und kehrte um. Zwischen diesen beiden Türmen mit schmaler Durchfahrt, mit Wappen und Heiligen verziert, drängte sich die ganz Stadt, mittelalterliche Mauern mit alten gewölbten Türen, Erkern, Prellsteinen und Wirtshausschildern. Ich stand auf der Brücke neben dem steinernen Nepomuk, der Regen tropfte von seinem Barockmantel, die Wasser des Flusses glucksten leise, eine gute Ruhe kam über mich; hier wollte ich bleiben und mich erholen vom Lärm der Welt. Mitten ins Mittelalter war ich geraten, da die Menschen mit dem Vieh zur Ruhe gingen, es hätte mich nicht gewundert, wenn der Nachtwächter mit Horn und Hellebarde sein «Hört ihr Herrn» gesungen hätte. Es schien mir, als könnte es hier keinen Radio geben, sicher war hier nichts Gedrucktes zu finden außer dem Gebetbuch und dem «Hinkenden Boten». Die Häuser kuschelten sich eng zusammen, ich schlich durch das raschelnde Laub einer Lindenallee längs der gotischen Streben der Kirche und flüchtete vor dem Regen in den Kreuzgang. Hellere Schemen leuchteten durch das Dunkel, das war der Marmor der Grabsteine. Ich war in der richtigen Stimmung, ich wollte auf die Geister warten. Schlecht saß ich auf dem feuchten Stein, aber ich blieb sitzen und träumte. Da ächzte eine Türe, da hörte ich leise Schritte, da huschte wirklich etwas an mir vorüber – und wieder war es still. Ich zündete eine Zigarette an und sah in eine Nische gedrückt nahe dem Eingang – ich stand auf und ging näher – eine jugendliche Gestalt mit roter Mütze – mein Herz jubelte: Ich sollte sie noch einmal sehen.

«Bon soir», sagte ich abermals und wollte ...

«Was wollen Sie? Lassen Sie mich zufrieden!» kam ihre ängstliche Stimme.

«Manche haben ein schlechtes Gedächtnis», lachte ich ...

«Manche haben ein hartes Gehör und möchten, dass man alles zweimal sagt. Bitte schön, gehen Sie ihres Weges!» drehte sich um und wollte gehen. Nun fasste ich das Mädchen von hinten an den Schultern und schmeichelte: «Sei doch nicht so hart auf einmal, gib mir die Hand und kenn mich wieder ...»

Jetzt schrie sie leise auf, rannte um die Ecke und beim ersten Lindenstamm in die Arme eines Burschen.

«Gut, dass du endlich kommst, Aimé, ich habe auf dich im Kreuzgang gewartet», keuchte sie, «verprügle den Kerl, er hat mir im Dunkeln aufgelauert!»

Ich trat lächelnd näher: «Das ist wohl dein Bruder? Guten Abend! Willst Du mich denn nicht mehr kennen?»

Unter männlichem Schutz, in der Nähe einer Laterne, wurde sie wieder kecker: «Nein, das ist nicht mein Bruder, aber vielleicht der Schwingerkönig der Gegend – und lieber würde ich den Teufel kennen als so einen Schleicher wie Sie!»

Der Bursche trat drohend näher, und ich rief: «Aber, Hilde, kenn mich doch, denk an den Abschied unterm Tor!»

Jetzt brachen die Zwei in schallendes Gelächter aus.

«Ich heiße Rosa!» jauchzte das Mädchen mit trillernder Stimme, drehte sich wirbelnd rundum und lachte weiter in den Armen des Burschen.

Es war Rosa, die Schwester meiner Hilde, in Nacht und Dunkel waren sie wohl leicht zu verwechseln. Ich gab dem Paar die Hand und lachte nun herzlich mit.

Jetzt will ich aufhören, ihr seid wohl müde. Das geschah in einem Jurastädtchen, das in einem waldigen Flusstal liegt, wie vergessen seit Jahrhunderten. Den Schluss der Geschichte könnt ihr euch selbst ausmalen: ob ich lachend mit den beiden in den «Storchen» ging unter lauter fröhliche, singende, kartenspielende Zeitgenossen – oder ob ich leicht traurig auf mein Zimmer schlich, die Begegnung im Kreuzgang als Geisterspuk betrachtete und mir meinen Traum von dem mittelalterlichen Städtchen nicht verderben ließ. – Gute Nacht!

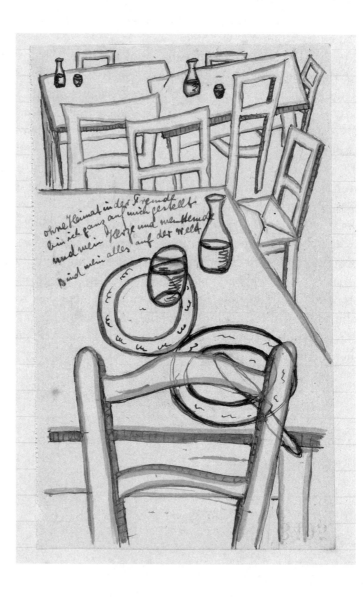

Kulinarische Promenade rund ums Mittelmeer

Essen ist lebensnotwendig. Außer einem Eintritt verlangenden Fastenkünstler und dem berühmten Suppenkaspar wird man kaum einem begegnen, der lieber selig dem Hungertod entgegenwankt, als sich an einen gedeckten Tisch zu setzen. Immerhin irren einige durchs Leben, die bei der Notwendigkeit des Vitaminnachschubes stehen geblieben sind und sich kurzsichtig oder asketisch um Lust und Freude am Essen bringen.

Es ist wohl das Vernünftigste und Bekömmlichste, sich auf Reisen an die bewährte internationale Hotelküche zu halten, um gefeit zu sein gegen Überraschungen für Zunge, Magen und Gedärme.

Wie reizvoll ist es aber, einmal ein bisschen neugierig und unvernünftig zu sein und unterwegs in Schüsseln und Kochtöpfe zu gucken, wie sie nie in Mutters Küche standen! Neben der Rundsicht von einem Berggipfel, dem Flötenlied eines Schafhirten, der Fassade eines Domes im Abendlicht, kann ein besonders leckeres Mahl oder ein absonderliches, fremdes Gericht einen Reisetag lange in der Erinnerung leuchten lassen.

Du möchtest einen Blick in meine Küche werfen? Bitte schön, so wird ein alter Junggeselle die hübsche Dame einladen, wird für sie kochen, einiges erzählen und sie etwas Geduld lehren. Wer sich die Mühe genommen hat, in meine Wasserburg heraufzusteigen, der weiß warum: Hier pflegt etwas Kräftiges auf dem Feuer zu schmoren, der weiß, dass man sich hier Zeit nimmt zum Kochen, Kauen, mit der Zunge schnalzen, dem brauche ich keinen Vortrag zu halten, dass Essen ein Vergnügen sein soll, dass man nicht nur isst, um sich zu ernähren, sondern neben den Sinnen auch die Seele nicht hungern lässt, indem man sich freut und vergnüglich genießt, was das Dasein uns beschert in den Arbeits- und Sorgenpausen. Tritt ein – einfach oder raffiniert – wir machen das Mahl zu einem Fest. Für heute wollen wir das Vornehmtun ablegen, wir stecken die Serviette hinter den Kragen und wollen von irdenem Geschirr essen. Blumen wachsen nebenan im Garten. Die Küche ist primitiv, aber ein Kochtopf ist ein Kochtopf, der Esstisch steht in der Ecke nicht weit vom Herd, und dieser Herd ist eine rohe Granitplatte unter freiem Himmel, darauf steht ein eiserner Dreifuß, um den die Flammen züngeln. Wir feuern mit Holz aus dem nahen Wald, Lärchenholz knallt und knistert, Fichten zischen, das ist das Harz, und wenn du bei mir isst, so wirst du sagen, es schmeckt köstlich. Das ist das Holzfeuer, ein bisschen Rauch und bisschen Einbildung. Seit die Ölheizung den Kachelofen und den Kanonenofen zu den Antiquitäten verdrängt hat, seit Gas und Starkstrom Suppe, Braten, Kartoffeln und allen raffinierten Abkömmlingen einheizen, hat sich die Kunst des Feuerzündens zu bärtigen Alphirten und jungen Pfadfindern geflüchtet mit samt der Geduld und Beharrlichkeit, die dazu gehört. Setz dich neben mich, beste Freundin. Ist es nicht etwas Herrliches dieses Flackern und Glühen und Züngeln?

Bis das Wasser kocht und endlich der Reis gar ist, werde ich dir erzählen, dies und das über Kochen und Essen – – zum Beispiel, wie man Specksalat zubereitet. Warum nicht? Über Geschmack lässt sich streiten, der eine liebt sein Stück Fleisch blutig, der andere durchgebraten, welches ist nun der bessere Mensch?

Wenn ich den Salat aus dem eigenen Garten hole, wird er nicht gewaschen – ich dünge ihn nicht mit fürchterlichen Sachen, ich spritze ihn nicht mit Gift und Rachsucht –, sondern nur «abgestaubt». Fetten Räucherspeck schneide ich in kleine Würfel und brate ihn aus, fische die knusprig-braunen Würfel heraus und halte sie warm. In dem ausgelassenen Fett verkoche ich die gewohnte Menge Essig, Salz und Pfeffer und eine Prise Zucker, gieße das Ganze über den mit Schnittlauch und den Speckwürfeln gemischten Salat, der sofort mit Schwarzbrot gegessen wird. Das ist ein Junggesellenessen in der Zeit, da der Salat nicht mehr zart ist, kurz bevor sich die Vitamine zum Winterschlaf verkriechen. Guten Appetit! Ein bisschen wenig, wirst du sagen, mir genügt's (gelegentlich). Was man nachher trinkt, darüber gibt das Jägerlied vom Specksalat Auskunft:

Schenken Sie's nur ein,
Bier und Branntewein,
Eine frische frische Flasch Tiroler Wein
Und machen Sie's auch einen Specksalat
Für mich und meinen Schatz.

Dieses Lied sangen wir einst zu dritt in unserem riesigen Atelier hoch über den Wellen des Thyrrhenischen Meers, etwas unrasiert, etwas mit Farbe bekleckst und mit Modellierton verschmiert, auch etwas ungeduldig, das war der Hunger. Wir saßen vor dem neuen Brennofen, den wir Maler für unseren Bildhauer gebaut hatten. Wir weihten ihn ein, nicht mit Tonfigürchen und Porträtköpfen, sondern als Brot-, Braten- und Kuchenbackofen. In der Höllenhitze büßte ein Schinken. Kennst du das? Ein geräucherter Schinken – wenn er zu scharf ist im Salz, muss er vorher gewässert werden – wird mit schwarzem Pfeffer eingerieben, daumendick in Brotteig eingepackt und in den heißen Ofen geschoben. Da schmort er im eigenen Saft, nichts vom Aroma geht verloren, das wenige saugt das Brot auf. Wir holten den Mordsbraten aus seinem Fegfeuer, als die Kruste schön braun glänzte, zerschlugen sie, und heraus kam mit lieblichem Duft der Schenkel des nützlichen Tieres. Eine tüchtige, fingerdicke Scheibe auf dem Teller, dazu ein Püree von gelben Erbsen und die Sauce, nicht zu dünn, mit der Gabel zu essen, ungefähr so: Eingemachte Preiselbeeren mit französischem Senf verrühren, mit etwas Sherry verdünnen, eine ausgedrückte Orange, etwas Zitronensaft und etwas abgeriebene Schale von beiden dazu – das wäre die Sauce zu dem Schinken, den wir heiß aus dem Ofen verzehrten. Und später, nachdem wir etwas zu sehr geschlemmt hatten zum Nachteil von Magen und Geldbeutel, kochten wir von der fettglänzenden Hülle aus Brotteig drei Wochen lang Suppe!

Ach, wenn ich zurückdenke an jene vergangenen Tage – was wäre die Menschheit ohne Schweine! Lach nicht! Was wäre der Mensch ohne Speck und Schinken! Mögen ganze Völker und Religionen gegen den Genuss des sündigen Tieres predigen, ich möchte dem Schwein ein Loblied singen. Um die Krone des besten Schinkens ringen viele Gegenden, der Westfälische, der Prager, der Yorkscher Schinken, der Bündner, der Walliser und andere mehr. Zum Überfluss reize ich dich nur noch mit dem unvergleichlichen Gericht mit Andalusischem Schinken, aus der Gegend der Stierkämpfer und Zigeunerinnen, der schweren Weine und der leichten Melodien:

Empanada de jamón! Man bettet eine dicke Scheibe Schinken zwischen zwei Weißbrotschnitten, übergießt mit einem Glas Jerez, das schmeckt – in Eigelb getaucht und in der Pfanne gebraten – herrlich!

Andere verflossene Schweine leuchten auf, vergoldet durch die Erinnerung: jenes verwöhnte fette Haustier, das der Bauer Giacinto (der, schmal, derb und eckig, gar nichts von einer Hyazinthe hatte) groß zog – und auch breit und dick. Bescheiden lebte er das Jahr über mit seinen sieben Söhnen und fünf Töchtern; sie darbten manchmal, damit dem Schwein nichts fehle, um dann alles an materiellen Lebensfreuden nachzuholen an den Tagen des Schlachtfestes, zu dem ich als Freund und Nachbar geladen war. Auf der Hofstatt brannten einige Feuer zum Sieden, zum Braten und Schmoren der animalischen Köstlichkeiten. Gesottenes, Gegrilltes, Würste, Schwarzbrot aß man stehend und schmatzend von Topf zu Pfanne gehend und mit allen Sinnen genießend bis in die Nacht hinein. Auf einem Steintisch thronte der große bauchige Krug, dessen roter, erdduftender Tropfen in handliche Krüglein und endlich in unsere Kehle floss. Ein heidnisches Bacchanal, das auf Matten und harten Fliesen endete mit Liedern und wohligen Seufzern. Wenn du nicht eine feine Dame wärst und die Bauern und Gastgeber nicht dreihundertfünfzig Tage des Jahres ameisenrastlos und genügsam ein schlichtes Leben führten, könnte ich ruchlos von Fressgelage und Völlerei reden – aber über dem ganzen erdhaften Geschehen ragte poetisch die Fächerpalme in den lichten Abendhimmel, und die Lieder sprachen von der Liebsten, so schön, wie ein vom Himmel gefallener Stern,
che sembra una stella caduta dal ciel – – –
Oder, um aufs Schwein zurückzukommen, weiter ostwärts, an der Adria, gibt es ein empfehlenswertes billiges Männerlokal, etwas nüchtern, etwas kahl, es nennt sich Offizierskasino, und manchmal sitzt auch wirklich ein serbischer Offizier an einem Tisch. Dort aß ich einst ein Spanferkel – nun, ich will nicht übertreiben, einen Teil davon, mit etwas Kümmel, etwas Knoblauch, anders geht es in dieser Gegend nicht, mit zerdrückten Wacholderbeeren; man bestreicht die Haut des Tieres mit Bier, dass sie schön knusprig wird, und gibt in die Sauce etwas Schwarzbrot. Auch Wein wird hier ausgeschenkt. Er wächst an den heißen Kalkhängen, auf Terrassen und Inseln und schmeckt – nun, ich will dir erklären, wie der dalmatinische Wein schmeckt. Auf der Hauptstraße, weit wie ein Platz, wurde ein Meeting abgehalten, irgendein Heiliger aus dem Gebiet der Religion oder dem Bereich der Politik wurde gefeiert. Mit Schiff und Wagen, auf Pferd und Esel strömten die buntgekleideten

Bauern und Mädchen durch die alten Stadttore. Völkergewoge, Kanonenschläge, Lautsprecher und südliche Hitze trieben mich in die Flucht durch enge Gassen in ein dämmrig-kühles Gewölbe mit Fässern links und rechts an der Wand. Der Wirt, Küfer, Kellermeister und Kellner in einer Person, betrübt, dass er nicht die Reden des Lautsprechers auf dem Platz hören durfte, beglückt aber über mich, den einsamen Gast, ging mit mir von Fass zu Fass, schenkte den goldklaren Wein in zarte hohe Gläser und las in meinem strahlenden Gesicht.

«Pflanzt ihr viel Wein hier in der Gegend?» fragte ich.

«Viel», nickte er.

«Führt ihr auch aus von euerm Wein?» fragte ich.

«Viel», nickte er.

«Aber», sagte ich, «ich habe noch nie in der Fremde dalmatinischen Wein getrunken noch davon gehört!»

Er grinste, hielt den Kopf schief und sagte:

«Unser Wein geht nach Frankreich und wird dort als Bordeaux verkauft!»

So also schmeckte der Wein, den ich zu dem Spanferkel trank, und diesen Wein und das Ferkel kann ich empfehlen. Aber es gehört Glück dazu: Ich riet einem Freund, einem Engländer, den das ewige Potatoes and Cabbage zur Verzweiflung trieb, zu dieser Luft- und Kostveränderung. Er kam aber enttäuscht zurück, hatte kein kleines Ringelschwänzchen eines Schweinchens gesehen noch gekostet und wusste nur verächtlich von Hammel-, Schöps-, Lamm- und Schafbraten zu berichten. Als ob das nicht auch etwas Gutes wäre – mit Perlzwiebeln garniert zum Beispiel, diesen lieben, kleinen Dingern, in Butter geschmort, etwas Tomatenpüree, eine Spur Zucker – dieser Duft und Geschmack! Vor allem als Begleitgenuss zu der Hammelkeule, die ich unter dem Namen «Klafterschlegel» erwähnen will. Ich kannte die Sprache des fetten Koches hinter seinen Töpfen nicht, es war ein bosnischer Türke, er kannte nur wenige Brocken meines Idioms, aber mit Augen, Nase und einiger Aufmerksamkeit gelang es mir, das Rezept zu erfahren.

Die ausgebeinte Hammelkeule wird gefüllt mit einer gehackten Masse ausgesteinter, getrockneter, im Wasser etwas aufgequollener Pflaumen. (Die bosnischen Pflaumen sind berühmt, im Frühling überzieht ein zarter weißer Blütenhauch die Gärten und Felder in Dorf und Vorstadt, das sind die unendlich vielen Pflaumenbäume, die uns nicht nur Backpflaumen und dürre Zwetschgen liefern, sondern auch verantwortlich sind für den Sliwowitz, das Zwetschgenwasser, den Pflümlischnaps.)

Also:
Ausgesteinte, getrocknete Zwetschgen,
Knoblauch und Zwiebeln,
frische grüne und rote Peperoni,
eine Handvoll Rosinen,
frische grüne Mandeln (das ist in unserer Gegend ein rarer Artikel),
verschiedene in Reichweite stehende Gewürze,
das alles fein gehackt und gut gemischt mit weißgekochtem Reis und einem Schuss Pflaumenschnaps – damit füllt man den Schlegel, näht ihn zu und lässt ihn unter ständigem Begießen braten.

Wein trinken die Muselmänner keinen, aber der türkische Kaffee, in kleinen kupfernen Pfännchen für jeden Gast und jedes Tässchen frisch auf glühenden Kohlen präpariert, dieser Kaffee war ein köstlicher Abschluss meines Mahls.

Nun sind wir im Erzählen und Lobpreisen vom Schwein zum Hammel, vom Golf von Polocastro über Dalmatien nach Bosnien gelangt und würden von Hunger und kulinarischer Sehnsucht weitergetrieben zu den Schafen von Kleinasien und den Hirten am Libanon oder gar nach Nordafrika gelangen, wo an niederen, ziselierten Messingtischen die Schaffleischbrocken mit drei Fingern aus der fetten Brühe gefischt werden und mit der linken Hand elegant das Kuskuskügelchen geformt und in den pfefferbrennenden Mund befördert wird; aber schon schnupperst du mit der Nase in der Luft und äugst nach dem Topf über der Glut: Wenn du noch nicht satt geworden bist von der Theorie, dann komm zu Tisch.

Reis stelle ich auf, wie er in der Lombardei gepflanzt, gekocht und gegessen wird, eine mächtige Schüssel safran- oder goldgelben Risotto mit allen guten Sachen, die hineingehören, dazu gieße ich weißen trockenen Wein in die Gläser. Das genügt für heute. Setz dich hier in diesen alten Bauernstuhl, dann siehst du die Blumen im Garten und den Bach. Im Bach sind Krebse, doch jetzt ist noch nicht Krebszeit, sonst würden wir sie in Öl dämpfen und unter den Reis mischen, dann könnten wir denken, wir säßen an der Adria, wo die Scampi im Meerwasser und im Risotto zu Hause sind! Greif zu, wohl bekomm's! und nach dem einfachen Mahl – manche essen gern Kaviar, weil er teuer ist, viele haben teures Porzellan und mögen nichts anderes auf dem Esstisch – nach dem ländlichen Mahl leg dich an die Sonne und lass dir weiter erzählen, das Mittelmeer entlang, wie sie auf Ischia sauersüß Peperoni und Eierfrüchte schmoren, auf welche Weise in Lipari die kleinsten Sardinen verschmaust werden, von den Spinatpastetchen in einem spanischen Kloster und jener unvergesslichen Fischsuppe im Golf von Terracina.

Spaziergang dem Mai entlang

O Lieb, o Liebe! Goethe

Der Ginster blüht!

Das ist ein vielversprechender poetischer Anfang. Für eine Liebesgeschichte vielleicht; denn der Ginster blüht im Mai, und der Mai ist der Liebesmonat, obschon er die Zwillinge, sozusagen die Früchte, im Wappen führt und nicht die Blüte, die Jungfrau. Warum soll man nicht einmal ganz altmodisch von der Liebe reden im Süden und im Mai! Ich zum Beispiel liebe den blühenden Ginster und werde bei diesem Geständnis etwas rot, denn du wirst sagen, mein alter Freund und Weggenosse: das sieht dir ähnlich. Wenn andere an lauen Abenden ihre Glyzinienlauben bewundern und im Rosengarten die tausend Blüten zählen und die Namen der seltenen Arten herunterbeten, während andere verliebt vor einem Beet sattgrüner «Maikönigin» stehen und selbst rosa zu leuchten beginnen gleich den frischgerupften Radieschen in der Hand, verschenkst du dein Herz an ein Unkraut.

Ja.

Ich will dir nicht mit der Bibel kommen als Entschuldigung – sie säen nicht und sie ernten nicht – im Gegenteil, ich will dir nebenbei und sachlich einigen Nutzen meines Unkrautes, des Besenstrauchs, aufzählen. Außer eben zu Besen sind hierzulande die grünen Zweige im Winter Futterreserve für Schafe und Ziegen und dienen im trockenen Zustand als Anfeuermaterial für den Kamin anstelle von Papier, und du kannst die Zeitung ruhig abbestellen. Aus den zähen Stämmen der alten Stöcke wurden früher Armbrustbogen geschnitzt und Meerrohr für die Schule, heute noch sucht der Drechsler das harte Holz für feine Arbeiten. Nicht nur in Kriegszeiten – als Ersatz – sondern im achtzehnten Jahrhundert wurden aus den Fasern der Zweige Garne und Gewebe, Tücher und Netze hergestellt, und sie erfüllten ihren Zweck; ob nun einer aus einem Strick aus Ginsterfasern oder Manilahanf gehängt würde, darüber zerbrach sich keiner der Erhöhten den Kopf. Zum Gerben, zum Färben, zu Arzneien und sogar für die Küche liefert der Ginster Material: Man legt die Knospen in Essig ein und nennt sie Kapern!

Aber ein Unkraut bleibt er trotzdem, mein Maibesen, du hast recht, und dazu ein weitverbreitetes; von Schweden bis zum Mittelmeer wird unfruchtbares Land, das nicht Brot noch Wein trägt, vergoldet, sei es ein einzelstehender großer Busch, der als gelbe Flamme auf der Heide steht oder sich zwischen den schwarzen Granitfelsen einen wirksamen Hintergrund gewählt hat, oder seien es ganze Berghänge, die mit Gold und Licht und nichtsnutzigen Blüten überstreut, dem Himmel ein Loblied singen. Du wirst ergriffen gestehen: Das ist kein Blühen mehr, das ist ein Glühen, das ist göttlicher Sommer schon im Mai.

Aber wenn du dir Zweige brichst, einen ganzen Arm voll, um sie ins Glas zu stellen, um den Mai in deinen vier Wänden auf dem Tisch zu haben, dann trauern die Blüten bald, keine Hummel mehr setzt sich vor ihre Tür, sie welken und fallen wortlos ab; auch den ganzen Strauch auszugraben und in deinen Garten zu pflanzen, das wird dir kaum gelingen, und diese Tatsache wäre nun das Motiv für ein weiteres Kapitel unserer Liebesgeschichte mit Moral und einigen Dialektbrocken: Vom Ausreißen aus dem Heimatboden – und wäre es nur kalkarme Heidenerde – vom Verkümmern der Wurzeln, vom Heimwehkrankwerden, wenn das Alphorn aus dem Lautsprecher klingt, vom Untergehen und einem schmucklosen Grab in der Fremde – – und wenn unsere Geschichte auch eine schiefe Schulter hätte und auf beiden Augen schielte, sie würde sicher sehr schön werden und hätte Erfolg.

Doch für ein weiteres Kapitel und als Gegenbeispiel zu dem vorigen könnte ich meinen goldenen Maibaum literarisch auswerten. Der Besenginster blüht erst im zweiten oder dritten Jahr; vorher schreitet er als stolzer Jüngling mit glattem Gefieder und gewölbter Brust durchs Leben, indem er mit aufwärtsstrebenden unverzweigten Gerten, ein Bild von Jugend und Selbstbewusstsein, am Wege steht und im Sinne hat, ein Baum zu werden, eine Zypresse vielleicht, mindestens aber haushoch und schlank. Dann blüht er, gründet sozusagen eine Familie, geht in die Breite, von Bauch wollen wir nicht reden, verzweigt sich, hängt voller Schoten, gibt Jugendideale und Höherstreben auf und wird ein Bäumchen, wenn's gut geht, kaum mannshoch, blüht jedes Jahr wieder, öffnet an heißen Sommertagen mit leichtem Knall seine Hülsen und schleudert die Samen von sich in Laub und Moos; blüht, treibt feine Blättchen, trägt Früchte in stetem Rhythmus und stirbt als knorriger, betagter Greis im zehnten bis zwölften Lebensjahr mitten in einer Schar Kinder mit schlanken Ruten und jauchzender Zukunft, womit der Kreislauf wieder beginnt, immer wieder von neuem.

Natürlich verstehst du etwas anderes unter Liebe, als bei Bienengesumm auf der Heide zu liegen und den herben Duft des Ginsters zu atmen, also lass uns weiter von Minne reden im Mai. Das ist die Zeit, da sich die schwarzen Skorpione, die das ganze Jahr über höchstens vor Regenwochen schüchtern aus ihren dunklen Schlupfwinkeln hervorzögern, über helle Plätze und Wege eilen und für kurze Zeit Sonnenlicht und Wärme nicht fürchten, das ist die Liebe, die sie aus ihren Verstecken und zu Paaren treibt. In diese wonnigen Wochen verlegen auch die Schlangen ihren Hochzeitstanz. Die schwarze Zornnatter, die wie ein Pfeil davonzuschießen pflegt, gewarnt durch meine Schritte, die wütend um sich beißt, wenn ich sie mit Hilfe von List und Zufall fange; in diesen Tagen lässt sie sich nicht stören, wenn ich mich geräuschvoll und fluchend durchs hohe Heidekraut schlage; die Liebe macht sie blind und taub: In einer kurzgeschorenen Lichtung des Gestrüpps oder auf einem kahlen, sonnengeheizten Granitrücken tummeln sie sich paarweise so leidenschaftlich und jede Vorsicht verschmähend, dass ich mir in Ruhe über der Arena der Ringkämpfer ein dornenfreies Plätzchen suchen kann. Was diese simplen Lebewesen ohne Gliedmaßen an wilden Wirbeln, Tumult und verworrener Verknotung aushecken, ist nicht zu beschreiben; als Ball verflochten rollen sie in die Mulde, als züngelnde Flammen steigen sie aneinander hoch, lösen sich, fliehen, umrollen sich wieder in unheimlicher Lautlosigkeit – um nach dem Fest in verschiedenen Richtungen auseinander zu schlängeln und sich nicht weiter um Haus und Hof, um Nachkommen und Familienbande zu kümmern.

Anders, eleganter und weniger wild, schreitet die Äskulapnatter zu ihrem Paarungsfest. Setz dich neben mich, alter Freund aus den freudlosen Gassen der Stadt, setz dich an den Frühstückstisch auf der Steinterrasse vor dem Haus, die Sonne scheint, und wenn wir Glück haben, das heißt Geduld, werden wir das elegante verliebte Paar in der ganzen Länge seiner anderthalb Meter beim Hochzeitsreigen belauschen können. Ausgestreckt nebeneinander in stets parallelen Windungen, Kopf an Kopf, mal links, mal rechts geschaukelt, gleiten sie langsam an uns vorüber, dass wir die metallisch glänzenden, fein ziselierten Köpfe bewundern können, wie sie sich unheimlich züngelnd heben und senken und gerührt sind von der Nähe des Todfeindes Mensch. Im Fließen umschlingen sich die grüngoldenen Tiere, wie Wellen läuft es über die Körper, sie tanzen unter den Rosenstrauch und verschwinden in Gebüsch und Diskretion – in Kurzem werden haselnussgroße weiße Eier von der Sonne gehegt und gebrütet – aber lassen wir Eier, Früchte und Samen und kehren zurück zu den Blüten und zum Mai.

Einige Male schon bist du gebrochenen Herzens gestorben, und dennoch war dein Leid nie so bitter wie das Los des Herrn Skorpion: Sein Weib frisst ihn auf. Liebe ist hart, sagt Herr Skorpion und kann Dolch und Gift nicht entrinnen. Die Jungen sind niedlich, durchsichtig blass, recken in Gefahr ihren Mörderstachel und rennen auf der Flucht vor einem Schuhabsatz im Schrägmarsch über die feuchte Wand ins dunkle Versteck. Die Nachkommenschaft ist gesichert, der Vater wird von der Mutter verdaut, die Art bleibt erhalten.

Den Verehrern der Bienenkönigin geht's nicht besser, sie werden das Opfer der Bartholomäusnacht, und auch die Gottesanbeterin, so harmlos fromm ihr Name ist, frisst post festum das Männchen auf, schaut mit großen Glotzaugen nach links und nach rechts und putzt sich mit den Beterhänden das Maul.

Geht's uns Menschenmännchen nicht besser? Die ganze Auffresserei aus Liebe, die sich nur noch rhetorisch in Liebesbriefen erhalten hat, ist zusammengeschmolzen auf den Kuss, und diesen wollen wir, als Erinnerung an die überwundenen tierisch-barbarischen Epochen, ganz gerne beibehalten.

Sicher geht es uns den Tieren gegenüber besser, wir besitzen die Vernunft, die wir im Liebesmai zwar selten benützen; wir gehen aufrecht auf zwei Beinen, haben so die Hände frei, um vorerst den Hut zu lüften, dann mit einem Händedruck allerhand Unsagbares anzudeuten und endlich eine glatte Stirn, um vorsichtig über zarte Locken zu streicheln – und wir haben die Sprache. Im Mai verbiegen wir unsere Sprache zu Frühlingsgedichten und meinen mit Frühling die Liebe; Ginster und Schlangen und Bienen sind stumm, wir aber singen. Auch der Vogel singt und betört mit seiner Lyrik das Weibchen; in der Nacht vom vierzehnten auf den fünfzehnten April kommt hier der Kuckuck – er verspätet sich kaum einmal – und ruft seine Strophe den ganzen Mai entlang; es kommt ihm auf die Menge an, nicht auf die Qualität; er betreibt's mit Ausdauer und erreicht sein Ziel, denn der Kuckuck ist trotz sonstiger Schwierigkeiten mit Eigenheim, Familienschutz und Kinderfürsorge noch nicht ausgestorben, und sein unermüdliches Rufen erinnert mich an jenen verliebten Narren, dem kein Vers stark genug war; er legte seiner süßen Julia ein Schulheft zu Füßen, vollgeschrieben handschriftlich und sauber mit dem einen ewigwiederholten Satz: Ich liebe dich –.

Frühmorgens vor dem Kuckuck ist der Zaunkönig der erste mit seinem Triller, und abends in der Dämmerung macht die Nachtigall im blütenduftenden Akaziengehölz den Schluss. Wir haben zum Lied noch die Worte, damit auch die unmusikalische Geliebte auf dem Balkon den Sinn der Serenade ahne; wenn ihr die Süße der Melodie nicht ans Herz greift, wird sie bei den Worten:

Du bist wie eine Blume, so schön, so hold, so rein,

verstehend die Rose vom Busen lösen und sie dem schmachtenden Sänger mit Seufzer und elegischer Handbewegung zuwerfen.

Siehst du, das ist der Mai, er lässt mich romantisch werden, Liebesbillet, Balkon, Ständchen und Flucht in der Postkutsche gibt's nicht mehr, heute geht alles durchs Telefon, aber geseufzt, geweint, gedichtet wird immer noch, die Liebe wird nicht sterben – Liebe ist stärker als der Tod, sagt Herr Skorpion – seit Bestehen der Welt streben die Extreme zueinander, um sich zu vereinigen über Krieg, Hunger und Krisen hinweg. Das ist ein Trost auf weite Sicht, und dieses Streben, diese Macht und Allmacht, diese Leben erhaltende Naturgewalt, die alles, vom Bazillus bis zur einsam ragenden Palme, von der Amöbe bis zum turbinenbauenden Ingenieur beseelt und beherrscht, alles inbegriffen – das Herzklopfen beim Anblick eines lächelnden Köpfchens unter breitem Strohhut, streng gesetzte Worte eines Sonetts, die dennoch in Sehnsucht und Ungewissheit zittern, die Balz des Birkhahns und der Kampf der Hirsche, die Paare auf der Tanzdiele und das Paar auf der Bank im Stadtpark, das Wiener Nachtpfauenauge, das von unbekannten Strahlen gelockt über zehn Kilometer weit seinem Weibchen zufliegt, die ganze Blütenpracht von Garten und Feld, das nennt man Liebe.

Und trotzdem du das weißt, alter Freund, mit dem nüchternen Verstand begreifst und als unabänderliches, zwingendes Gesetz anerkennst, wird dich doch bei Gelegenheit der Herzmuskel schmerzen, wirst du verliebten Unsinn stammeln, willst du nicht mehr allein sein inmitten der blühenden Pracht des Ginsters, willst du alles teilen und mitteilen, wirst du mit heißer Stirn und leeren Händen krank sein und dich sehnen – nicht nur als Zwanzigjähriger, nicht nur im Mai, nicht nur im Süden, ruhelos wirst du auf und ab gehen, einmal vor Freude, einmal im Schmerz – das ist die Liebe.

Und nun lass uns tun, als ob niemand zuhörte, lass uns lächelnd heute das Rätsel Weib und den Graben, der die Geschlechter trennt, ignorieren und ein kleines Loblied singen auf die, die uns im Mai die Tage vergolden und die Nächte versüßen, auf die tapferen Kameraden, auf die Blumen und Lieder unseres Lebens; wir können das ruhig, alter Weggenosse, wir sind nicht mehr Zwanzig, wir spielen nicht die Zukunft gegen die Gegenwart aus, man wird uns nicht missverstehen, wir betreten kaum wieder den Tanzboden und denken zurück an den Frühling von damals, an die Leiter, die wir zum Fenster schleppten, an die Nächte, die wir ruhelos wanderten, an Sehnsucht, Erfüllung, Enttäuschung und neues Glück. Wir werden nicht wie König Salomon nach freudigsprudelnder Jugend weise im Alter Maß und Mittelmäßigkeit predigen, nein, wir werden, überrumpelt von Beruf und Technik, verschüttet von Krieg und Zweifeln, nie vergessen, denen zuzulächeln, die uns als Begleiter auf unseren Weg mitgegeben sind; wir wollen dankbar sein für die seligen Stunden, die sie uns schenkten, und wir wollen sie lieben.

Wir wollen sie lieben, alle, als Gesamtheit, in ihrer Schwäche und ihrem Mut, in ihrer natürlichen Weisheit und drolligen Unbekümmertheit um Logik und System, den Glanz ihrer Augen und die Schönheit ihrer Glieder, ihre seidenen Strümpfe und neckischen Hüte, wir wollen sie alle lieben, du und ich, die Großen und die Kleinen, die Hübschen und die Buckligen, die Schwarzen und die Blonden und sie freundlich streicheln, die Schwachen und die Kratzenden, alle, als das Erhaltende, Schenkende, Leidende, als das Süßeste, Schmerzlichste und Betörendste, das die Welt erst zur Welt macht; wir wollen sie lieben und loben, um so einiges Unrecht, das unsere Sünden und Treulosigkeiten schafften, zu sühnen.

Ausflug in der Nachbarschaft oder
Über die schlichten Freuden

Es ist Zeit, eine vergessene Tugend aus ihrem Versteck zu locken und ins Licht zu rücken (obschon das ihrem Wesen schlecht entspricht); es scheint geboten, eine seltene Vortrefflichkeit den lauten Überheblichkeiten des Säkulums gegenüber zu stellen: Es wäre von Vorteil für das Leben des Einzelnen wie der ganzen Horde, wenn der Sinn für Bescheidenheit wieder aufleben und erstarken würde.

Bescheidenheit – es ist nicht die Rede von Kleinbeigeben und Entsagen, sondern von einer stolzen Überlegenheit, vom Lob eines Glücks, das jeden Neid überwindet und den Ehrgeiz etwas schief und beleidigend anschaut.

Ein gesunder Ehrgeiz ist Leben erhaltend, sagt jener, der dem schlechten Gewissen einen braven Mantel umhängt – ist Leben erhaltend, aber nur das Leben des Einen, des Einzelnen, des Einzigen, des Egoisten oder Selbstsüchtigen.

Die Menschen sind verschieden, daran denkt man kaum bei der Beurteilung des Charakters, der Taten und Meinungen anderer. Man misst mit seinem ungeeichten persönlichen Maßstab und vergisst, dass von den zwei Milliarden der Schule Entwachsenen ein jeder sich als das Zentrum der Welt fühlt; bei solcher Zahl von Mittelpunkten, besteht gar keiner und ein sich Bescheiden wäre wohl am Platz.

Es gibt nichts Köstlicheres, als in einer Waldlichtung, am Bachrand, auf einer Alpwiese sein Zelt aufzustellen und mitten in dieser Weltoper, die uns Käuzchen und Frösche, Wasserplätschern und Blätterrauschen, Nachtschwalben und Siebenschläfer vorsingen, als gelöster Mensch zu nächtigen; ob aber bei den wohlgezählten Tausenden, die am Seeufer kampieren, versehen mit allem Behagen – Bombe für den Gasherd, Grill und Eisschrank inbegriffen –, die aus der Großstadt in die große Zeltstadt übersiedeln, da hin, wo schon alle andern und ihresgleichen den Lobgesang auf die Natur in glutvollem Chor singen, dass Schilf, Würfelnatter, Eisvogel, Fischotter und Sternhimmel auswandern, ob da von der gepriesenen Natur etwas übriggeblieben ist, kann man bezweifeln; mein Liedchen von den stilleren Wonnen des Lebens wird untergehen in dem brausenden Trubel.

Schlichte Freuden sind die scheinbar nutzlosen weißen Kiesel und glimmerglänzenden Ackersteine, aus denen das Glück sich aufbaut, sind die unvergänglichen Fundamente eines frohgemuten Lebens, ein bisschen vergessen und von Unkraut überwuchert und nur von Kindern und Poeten gelegentlich aufgestöbert.

Die heutigen lauten Vergnügungen bilden ein Narkotikum, das nur bei steter Steigerung seine Wirksamkeit nicht verliert. Das ruhelose Tempo des Arbeitstages wird übertragen auf die Freizeit; das Rad muss sich ständig drehen; Stille und Muße sind bedrückend, «selbst Streit mit dem Nachbar ist besser als gar nichts», wobei wir «Nichts» groß schreiben können und darunter Langeweile, Lebensangst, Leere verstehen.

Versuchen wir diese Leere auszufüllen, nicht zu überschreien, nicht mehr zu fliehen vor der inneren Unruhe in Lust und Betäubung – auf einen ergötzlichen Abend folgt ein trüber Morgen – setzen wir eine andere Brille auf, nehmen wir ein Kind an der Hand, lernen von ihm die Kunst des unbeschwerten Spazierengehens, des Pflückens der kleinen Freuden.

Ein Streifzug früh am Tag ist ein guter Beginn. Im Garten gibt es immerzu zu tun, beim Gemüse, bei den Blumen, mit Ungewächs und Ungetier; kein Schritt ohne Bücken, ohne Rosenschere, ohne Bast – die Gartenwonne besteht in Gartenmühsal, bis der Schnee Ruhe bringt für Kraut und Unkraut und Gärtner; oft hat man das Gefühl, die Anlage blühe nur für Gäste und Vorübergehende. Darum ist ein Morgengang durch den Garten mit gebundenen Händen, offenen Augen, Ohren, Nasenlöchern, neben der kalten Dusche, ein erster Höhepunkt des Tages: Alles wurde über Nacht frisch lackiert und überholt; auf all die taufrischen Einzelheiten will ich nicht eingehen, unbewusst atmet man tiefer und nimmt eine Hand voll Morgenluft und Morgenlust mit auf die Straße, die zur Arbeit führt.

«Sie haben's gut!» sagte Nachbar K. zu mir, wenn er gelegentlich geruhte, seinen Wagen anzuhalten, um mich zu grüßen. «Wenn ich Sie so bedächtig nach Feierabend im Garten arbeiten oder gemächlich mit einem Brief zur Post spazieren sehe, wie Sie bei der Brücke stehen bleiben, gelassen in den Fluss schauen und behutsam Ihre Pfeife stopfen, dann bin ich neidisch; in meinem Wörterbuch sind die Ausdrücke von bedächtig bis gemütlich gestrichen, zu solchen Sachen finde ich keine Zeit. Sie Glücklicher!» und raste und gaste davon.

Heute hat er Zeit. Heute kann (und muss) er langsam am Stock am Rand der Straße gehen, für drei Stufen Treppe aufwärts nimmt er sich Zeit; dennoch dreht sich die Erde, und das Leben geht weiter ohne Zeitnot und Eile des Herrn K. Jetzt hat er Muße, Bücher zu lesen, Schach zu spielen, zu promenieren, vielleicht noch dazu, im Garten die Rosen zu schneiden, aber es ist ihm nicht halb so wohl dabei wie mir, und von Pfeife rauchen keine Rede, das vertragen seine ramponierten Nerven nicht, oder das Herz oder was weiß ich.

Aber nicht jeder besitzt einen Garten, um sich ein Gegengewicht zu schaffen; doch mein Grund geht ohne Zaun und Drahtgehege über in den Wald und in die Welt, wo die beschaulichen Vergnügen jedem zugänglich sind:

Einen Bussard schreien hören und ihn schweben und kreisen sehen ohne Flügelschlag hoch am Himmel –

Ein Feuerchen anzünden im Freien (denn heute baut man Häuser mit allem Komfort, wo aber die kleinste Möglichkeit, ein Fetzchen Papier zu verbrennen, fehlt) und die strahlende Lebendigkeit mit allen Sinnen genießen, Holzrauch, Wärme, Knistern, Züngeln –

Die ersten schweren Tropfen eines Gewitterregens auf Gesicht und Hände – der tiefe Seufzer der Erlösung und der unbeschreibbare Geruch der Erde –

Der Windstoß, der die mattgelben Strähnen des Kornfeldes kämmt –

Der rhythmische Klang einer Sense, am frühen Morgen im Kleeacker, dazu der Duft des frischgeschnittenen Klees –

Der Duft von sonnentrockenem Heu, der Geruch frischgebackenen Brotes aus der offenen Tür einer Bäckerei, die sauersüße erregende Luft beim Traubenkeltern und Obstpressen, der Salzgeruch des Meeres, der Teergeruch von Boot und Netzen, der Harzbalsam im Föhrenwald – und zögernd barfuß gehen auf dem Teppich von Nadeln im Fichtenbestand.

Durch dichten Nebel schreiten im Winter, Hall und Schall und Klang aus dem Grau identifizieren, und plötzlich durchbrechen in die Sonne, in eine Zauberwelt von Raureif und Glitzern –

Das Wirbeln großer Schneeflocken im Schein einer Straßenlaterne –
Durch raschelndes Herbstlaub schlurfen –
Einen Zug nah vorbeisausen oder von Weitem, spielzeuggleich, durch die Landschaft rollen sehen –
Herzhaft laut und verwegen niesen, drei bis zehn Mal, möglichst im Freien, falls das Badezimmer baufällig ist, dass die Vögel erschreckt auffliegen und die Nadel des Seismographen zittert –
An einer Fensterscheibe trommeln aus Vergnügen am Rhythmus, aus Lust, etwas ganz Unnützes zu treiben: Flache Steine auf der Wasseroberfläche tanzen lassen, die Glasscheiben gefrorener Pfützen eintreten und zersplittern, an einem Grashalm kauen und die reifen Löwenzahnköpfe in den Himmel pusten –
Kindliche Kurzweil – tiefwirkendes Medikament gegen die Krankheiten der Zeit.

Zu meiner Arbeitsstätte führt mich ein Richtweg quer durch den Wald, ein steiniger holperiger Weg zwischen Birken, Ginster und Wacholder. Wenn es regnet, nehme ich mir Zeit, denn es gibt einiges zu beobachten, silbertropfenbesäte Spinnennetze, goldgefleckte Salamander, Nacktschnecken auf akrobatischer Hochzeitsreise; die vertrockneten Flechten atmen auf; die vergilbten Moosgärtlein leuchten frischgrün – überdies habe ich ein ausgesprochen beachtenswertes Werk vor. Ich schneide mir den Haselstock (das währschafte Taschenmesser gehört in dieses Kapitel: welche Sammlung von Vergnüglichkeiten steckt in diesem Instrument, vom Zahnstocherschnitzen über Anfeuerholzkleinmachen bis zum Abenteuer der abgebrochenen Klinge). Vom Hut tropft's, es tropft von den Bäumen, es riecht nach Pilzen und säuerlich nach letztjährigem Eichenlaub; auf dem Weg sammeln sich Seen, strömen trübe Flüsse, bilden sich Stromschnellen, Sümpfe, Dämme, Schluchten. Welche Wonne, nun unter dem Firmen- und Schutzschild «Trockenlegung wichtiger Verkehrswege» mit Stock und Schuhabsätzen Ingenieur und Wassertechniker zu spielen, Dämme zu durchstechen, Seen trocken zu legen, Kanäle und Brücken zu bauen, mit einem Gefühl, für Fortschritt und Wohl der Menschheit etwas geleistet zu haben!

Dann, schräg gegenüber von Waldweg und Regentag: Wie trostlos wären die Straßen der Stadt ohne Fußgänger: die Geschäftigen mit ernster Miene und ernster Ledermappe, die Flaneure und Nichtstuer mit und ohne Geld, die Frauen oder besser Damen vor den Läden, in den Läden und an jeder belebten Ecke, Kinder, Ausläufer, Ausländer, ein farbiger stummer Film vor all dem Lärm; wir agieren, nehmen uns wichtig, grüßen und eilen, spiegeln uns im Schaufenster, schauen gradaus, schauen uns um, nach den Damen, nach den Indern, kreuzen die Fahrbahn, springen auf den Anhänger, spielen wichtiges tüchtiges Leben der Stadt. Wir drehen uns als nebensächliches Rädchen in dieser kreisenden Maschine, wir schwimmen auf rumorenden Schallwellen hinüber ans andere Ufer: Wie heilsam sind da nachts die drei Dutzend Umwege, durch Hintergassen, krumme Gassen, stille Plätze, spät nachts, wenn die ernsten Ledermappen, hübschen Damen, Läden, Lärm und Leben schlafen. Ein einsames Polizistenpaar; Schatten hinter matthellen Schlafzimmerfenstern; ein Kater als Herr der Nacht schlendert quer über den Asphalt; ein verwaistes Geldstück auf dem Fußsteig; die unbeleuchtete Auslage eines Trödlers mit all dem amtsmüden Kram, die sich gespenstig fortsetzt ins Dunkel der Folterkammer von Laden und Gewölbe; ein müder Kellner, der nach Hause eilt, ein munteres Mädchen, das nirgends zu Hause ist – – An einer Kreuzung stehen, eine Zigarette rauchen und warten – nicht warten in Verzweiflung auf etwas, das nie kommt – warten auf die Zeit, die sich nähert und vorbeigeht, die Zeit, von der man nie genug hat, großmütig verschwenden, vorüberziehen und vergehen lassen – – –

Gehen Sie auf Reisen, sagte der Arzt zu einem blassen Ratlosen, dem nichts fehlte und alles; Reisen ist die beste Arznei für Nervenschwächlinge bei Unrast des Pulses, Übereifer des Blutdrucks, Lampenfieber auf der Bühne des Daseins, Auflösung in Nichts und Asche. Spannen Sie aus, spannen Sie an, kutschieren Sie los! Es braucht keine Reise um die Welt oder eine Fahrt zum Kilimandscharo zu sein, was eher schrecklich aufregend wäre; kaufen Sie sich derbe Schuhe und, wenn's sein muss, einen Handstock. Nehmen Sie ein Beispiel bei einem, der es versteht, Raum und Zeit mit kleinen Glückstropfen anzufüllen und den Zufall ins Joch des logischen Ablaufs zu zwingen:

An einem Sonntagmorgen ging Jakob Flach auf die breite Terrasse vor seinem Schlaf-, Studier- und Esszimmer. Blauer Himmel, blaues Meer, warme Luft, Frühlingssonntagmorgen. Dann schritt er ahnungslos aus dem Haus auf die Straße. Die Straße in die Welt, man wird's erfahren. Nüchtern, barhaupt, ohne Jacke, Geld in der Tasche, den Milchkessel in der Hand.

Wohin so zeitig, fragte ein Fischer, der vom Nachtfang zu Herd und Bett zurückschlenderte.

Milchholen, Kaffeekochen, den Tag beginnen!

Wortkarg, wie es sich gehört für Fischer und Einschichtige, trotteten sie dahin bis zur Haustür. Schlaf wohl, sagte der eine, Leb wohl, der Zweite, und jeder hatte im Sinn, dem Wunsch des andern zu gehorchen.

Hier fing die Treppe nach oben an zu den hängenden Gärten, Oliven, Karuben, Kapern und Wein, und höher zu den Felsen, zum Grat, zum Himmel. Ein herrlicher Tagesbeginn! Es juckte ihn in allen Gliedern, besonders in jenen, mit denen man marschiert und steigt. Was Milch? Was Frühstück? Das kann warten, zuerst ein bisschen die neue Woche entdecken, von erhöhtem Standort ein ganz klein wenig auf die Langschläfer spotten. Unten klebte das Dorf, unten lockten die Glocken – unten, unten! Hier oben müsste man eine Hütte bauen mit einer Plattform, um weit in die Tiefe spucken zu können. Er setzte sich neben den Milchkessel, keine Pfeife, keine Zigarette, Teufel nochmal – umso besser, sagte er laut, tief atmen, mit Ozon die Mikroben und Viren betäuben, mit seiner prallen Gesundheit die da unten beschämen. Er fand Erdbeeren, nicht schlecht für den Anfang, bekömmlicher als Spiegelei mit Speck, er pflückte in den Kessel und schüttet die Ernte in den Schlund. Morgenfrieden mit roten Vitaminen, sagte er, da platzte in die Stille ein Schuss! Die verd- jawohl, verdammten Jäger! Ich kenn ihn, den Briefträger, den Sonntagsknaller, den Narr, auf Spatzen, was sag ich, auf nützliche, seltene, singende Vögelchen schießen! Er kletterte höher in der Richtung des Schlachtfeldes, den Milchkessel am Arm, um beide Hände frei zu haben, zwischen Zwergeichen und Rosmarinbüschen, indem er eine Predigt vorbereitete, mit deren Feuer der Frevler gesengt und eingeäschert werden sollte, vermittelnd angefangen in väterlichen Worten über die schlechte Sitte, die klare, blaue, friedliche Stille eines Glückstages zu zerknallen, langsam gesteigert zur These von der Lebensberechtigung jeglicher Kreatur (wobei Languste, Masthuhn, Milchkalb und Sardinen übersehen wurden), um donnernd zu enden mit den Keulenschlägen: Schänder, Sünder, Mörder!

Er stieg, keuchte, rannte, lauschte auf Hundegebell und schwere Tritte – und fluchte; kein Schütze, kein magerer Köter, kein zweiter Schuss. Umso besser, sagte er, Selbstmord eines Jägers aus Mangel an Wild, aus Verzweiflung über den Tod der letzten Drossel; Schluss des ungefähren Waidwerks, neues Kapitel.

Er stieg zwei Stufen abwärts, heimzu, fand zwischen harten Grasbüscheln eine Orchidee mit dunkelpurpurner, eine andere Art mit fleischrosa Zunge. Das Entzücken trieb ihn wieder höher am Berg, hundert Meter, zweihundert Meter, von Felskopf zu Felskopf, den Milcheimer zur Botanisiertrommel aufrücken lassend und repetierend: Nacktsamige, Bedecktsamige, Monokotyledonen, Dikotyledonen, lass-mich-zufrieden ...

Sind wir aus Pflichtgefühl den gefiederten Geschöpfen gegenüber so hoch gestiegen, dachte er, können wir den Rest bis zum Grat noch gratis zugeben, freiwillig, ohne ethische Verpflichtung – – – ohne Hungers zu sterben.

Barfuß stieg ein kurzgeschürztes stattliches Bauernmädchen zu Tal, einen Korb mit Gartenfrüchten auf dem Kopf wiegend. Er verharrte so vertieft in den Anblick dieser wandelnden Statue, dass er den Gruß vergaß, ein ländlich-freundliches Geplauder versäumte, vor allem aber die Gelegenheit, zu einem vegetabilen Mahl zu kommen, verpasste.

Um so besser, sagte er, ein Fasttag in der Woche, habe ich gelesen, sei das mindeste, was ein aufgeklärter Mensch – nein, ich will die Gesundheitspflege nicht zu weit treiben; noch ein- zweihundert Meter bis zum Grat.

Der Grat war kein Grat. Da wo, von unten gesehen die Felsen an den Himmel grenzen, beginnt eine fruchtbare Hochebene, der steinige Zickzackweg mündet, oben angekommen, in einen krummen Wiesenpfad, der die Mauer einer Kapelle streift, einen offenen Viehschuppen umschleicht und hinunterholpert ins Tal hinter dem Berg.

Der Steigreifwanderer setzte sich an den Rand der Böschung, stellte den Milchkessel und Pflanzenkübel daneben, ließ die Beine über dem Abgrund baumeln und deklamierte befriedigt alle Sätze, die man am Ziel auf der Höhe über Rundsicht, Wetterglück und Bergfrieden zu sagen pflegt, über den Einklang des inneren Lebens mit der Schönheit der Welt, über die saure Mühe, die süßen Honig einbringt, über die üble Gewohnheit, sich krank zu fühlen, über die Kunst jung zu bleiben und über die Quellen olympischer Freuden eines vortrefflichen Frühstücks – er sprang auf, eilte davon zum nächsten Wirtshaus, Haus, Hütte, Stall, Stück Brot – Nichts! Maisäcker mit Versprechungen, Kleefelder mit dunkelroten Rispen, Dornhecken ohne Beeren; geschlagen kehrte er zurück zu seinem blödsinnigen Milchkessel, so leer und dem Zweck entfremdet, dass giftige Blumen drin Platz haben, ein Tritt und er stürzt mit blechernen Schreien achthundert Meter tief ins Meer, oder meinetwegen tausend! Er hängt den langweiligen Begleiter an seinen Gürtel – und macht einen Plan.

Die Viertelstunde mit Stirnrunzeln, Widersprüchen, Knöpfeabzählen wird übersprungen, so geradlinig und kurzentschlossen kann sich ein rollender Ball nicht unversehens gebärden, dass er sich durch den Hohlweg eines Planes zwängt, wenn er mit zweien und einigen Varianten spielen kann; er stellt Alternativen, jongliert mit Entweder-Oder, Hin-und-Her, Wenn-und-Aber, kann sich nicht entschließen, benimmt sich für zielbewusste Preiskämpfer recht unsympathisch – – man kann ihn wiedertreffen an einer Quelle, bei einem Hirten, mit einem Brokken trockener Polenta in der Hand und vielen Sprüchen zum Lob des rustikalen Lebens auf der Zunge.

Wie weit noch bis zum Dorf?

Eine Stunde, sagte der andere. Das rückte den Wegweiser in die endgültige Stellung. Er würde nicht den selben Weg zurückgehen, sondern auf der andern Seite in jenes Dorf hinuntersteigen und mit jedem erreichbaren Vehikel um den Berg herum zu einem verspäteten Morgenessen heimfahren.

Gemütlich abwärts auf dem Sträßchen, durch Bestände von Edelkastanien, über weitausholende Serpentinen, Schluchten mit Wasser und ohne Wasser, versteppte Wiesen, Meile um Meile. Berge von Brennholz, Stapel von Balken, von Stangen für die Reben, Kieshaufen, Laubhaufen, Zeugen menschlichen Tuns und keine Behausung. Dafür eine schwebende Hülle von Stille. Ein Klingen und Singen von Stille, wenn die Natur endlich sprechen darf. Er schritt dahin, nicht stumm sondern schweigsam in dem schweigenden Tal; wie ist das wohltuend in einer Zeit des Lärms, da sich alle gegenseitig übertönen in Rede, Licht und Schrift.

Die Straße verließ den Talgrund, erhob sich über Bach und Wald und zog sich am Hang hin gegen einen runden Buckel mit weiter Sicht. Es wurde wärmer; er sang und reimte leise vor sich hin: Was rennst du nach dem Glück des Lebens? und meinte sich und andere. Eigentlich ist das kein Marschlied nach Takt und Inhalt, sagte er, und setzte sich an den Wegrand:

Was rennst du nach dem Glück des Lebens?
Misslingen wird dein eitel Tun,
Jagst nach dem Schmetterling vergebens,
Lass ihn auf seiner Blüte ruh'n –
    Leg dich ins Gras und denk an nichts
    Und lausch verständigen Gesichts:
    Der Falter setzt sich auf dein Knie,
    Dir wird so heiter wie noch nie;
    Beweg dich nicht, schiel nicht zurück,
    Das war ein kleiner Schimmer Glück –

Ein Maultier mit geräumiger Oberlast stampfte vorbei. Weit hinter ihm der Treiber, der an einem Stock schnitzte.
Wie weit noch bis zum Dorf?
Eine Stunde, war die Antwort.
Hier sind sie beharrlich in ihrer Zeitangabe, dachte er und schritt weiter. Meile für Meile; die Gegend zeigt sich üppiger, Wein zog sich in Girlanden von Maulbeerstamm zu Maulbeerstamm, die ersten kugeligen Orangenbäume beschatteten die junge Saat, in dem Dorf würde er etwas zu essen bekommen, dachte er beim Anblick der Blumenkohläcker, Salatweiden und pickenden Hühner – aber auf dem Dorfplatz zwischen einer Osteria und einer Trattoria stand der Überlandbus abfahrbereit, er sprang auf und fuhr mit als einsamer Passagier, nur den wildklappernden Milchkessel als Begleiter neben sich, fuhr lang talab zwischen Gärten, Mauern, Zypressenalleen in irgend einer Richtung, aber es war der einzige Faden, der das Bergdorf mit der Welt verknüpfte. Die Welt bestand in einem ländlichen Rasthaus an einer Straßenkreuzung; hier stieg er aus, um umzusteigen. Hier wurden früher gemütlich Pferde und Fuhrleute getränkt und gehabert, heute halten die sechsrädrigen Ungetüme einen Atemzug

lang zum Ein- und Aussteigen und brausen weiter, jedermann ist damit zufrieden außer dem Wirt, der den Wanderer auf seinen Imbiss warten ließ. Der wanderte friedlich, verscheuchte Fliegen, stellte das Radio ab, buchstabierte die vergilbten amtlichen Vorschriften, blätterte in einer alten Warenhauspreisliste, hörte das Hackmesser, roch die schmorenden Zwiebeln, während die moderne Anschlusskutsche vorbeirollte und ihn endgültig der Landstraße zurückgab, worauf er gesättigt und dankbar mit seinem Blecheimer am Arm die endlose Straße zwischen Meer und Himmel, zwischen Dämmerung und Nacht in ungezählten Kurven dahin marschierte. Die Wogen brandeten an die felsige Küste, schwarze Pinien ragten ins noch schwärzere Dunkel, ein leiser Wind aus Süden kam auf. An jede Schlucht fügte sich ein Kap, nach jedem Vorsprung rannte die Straße wieder in ein tiefes Tal. Die Sterne über sich, die Lichter seines Zieles plötzlich vor sich, beendete Jakob Flach den sonntäglichen Spaziergang vor dem Frühstück etwas spät und etwas müde.

Sollte es stürmen, dass sich die Weide vor dem Haus bis zur Erde biegt, dass der Regen wie ein mattsilberner Vorhang zwischen Fenster und Landschaft hängt, sollten alle Kleider schon durchnässt sein und alle Schuhe in der Ecke als feuchte Inseln aus einem See von Regenwasser ragen, wenn das nette Spiel, den Tropfen an der Fensterscheibe zuzuschauen, wie sie erst zögernd, dann immer schneller herunterrinnen, sich vereinigen, stehen bleiben, plötzlich dem Meer zuschießen, wenn dieses Spiel mit einer Böe endet, die Kübel von Wasser an das Glas schüttet, dann ist herrliche Zeit für die großen Reisen im Kleinen. Auch dann, wenn der Schnee so hoch liegt, dass die Kräfte nicht ausreichen, um einen Weg zu schaufeln zum Bahnhof, wo die Züge nach Süden in apere Erdstriche fahren, dann holen wir Atlas, Karten, Stadtpläne und Lupe auf den größten Tisch und fahren trocken, sicher, schnell und billig über Land:

von Rastatt über Forbach, Münzach, Reichenbach nach Freudenstadt im Schwarzwald, wobei man sich in der Phantasie aus Freudenstadt die Freuden-, Lust- und Glückstadt baut, wo Sehnsucht, Fernweh und Reiseträume zur Ruhe kommen …

von Interlaken, Wengeralp und Station Eigerwand zum Jungfraujoch; den Bergführer können wir sparen, die Fahrt kostet uns nichts als einige Einbildungskraft, mit der wir auch versuchen, uns den Kreis der Eisriesen vorzustellen und uns eine Fahrt mit den Polarhunden vorzugaukeln; wir begleiten eine Viererpartie mit dem Fernrohr bei Aufstieg auf den Mönch und fahren mit der Fingerspitze vom Finsteraarhorn den Großen Aletschgletscher hinunter ins Wallis ...

Oder wir wandern beschaulich durch ganz Spanien, ohne verschwitzte Kleider, ohne Pneuwechsel, ohne harte Betten, ohne Trinkgeld an tanzende Zigeunerinnen, vergessen an Hand eines alten Baedekers Toledo nicht, Cordoba und den Alcázar von Sevilla – und hüpfen als unhaltbarer Nimmersatt hinüber nach Marokko ...

Oder wir starten zu der beschwerlichen, unmöglichen Tour quer durch Afrika, auf der Karte, mit dem Zirkel, von Alex bis Kapstadt, von Accra nach Sansibar – ungefähr am Kreuzungspunkt, am Fuß des Mount Kenia, im Busch, an einem Urwaldteich, befindet sich in der Krone eines Baumriesen eine Safari-Herberge; ein mächtiger Ast läuft durch die Schlafkammer; die Paviane turnen vor dem Esszimmer; am Abend wir die Leiter hochgezogen und der Landfahrer sitzt gefangen in einem großen Taubenhaus, an dessen Pfeiler sich die Elefanten scheuern; unter den Fenstern lecken die Nashörner Salz, waten ins Wasser, vertreiben grunzend Warzenschweine, Kaffernbüffel, Antilopen, fischende Vögel, samt wetteifernden Vettern und Basen mit etwas kleineren Hörnern auf der Schnauze: Wer Reiseprospekte sammelt, legt die Fundamente zu einem erhebenden Schlechtwettervergnügen; nur die erfreulichen Seiten und vorteilhaften Bilder der Länder, Regionen und Orte werden gezeigt; überall herrscht bestes Klima, größter Komfort, steilste Berge, blauestes Meer; man hat nichts weiter zu befürchten, und die papierene Fahrt durch die Welt hat keine Nachteile; ein normales Streichholz misst fünf Zentimeter, das bedeutet auf der Karte im Maßstab 1:1 000 000 fünfzig Kilometer oder zweiunddreißig Meilen ...

Wege und Umwege in einer großen Stadt

Reisebekanntschaften gestalten sich meist sehr herzlich, sind sozusagen abstrakte Freundschaften, ohne Berechnung, ohne Versprechen, eine Geschichte ohne Anfang – ohne Ende, eine Blüte ohne Wurzel – ohne Frucht.

Es beginnt mitten in einem Satz: Dort drüben sitzt er, auf dem untersten Zweig, mit den blauen Flügeln, hier bitte, nehmen Sie mein Fernglas! – und hört auf vorbildlich schmerzlos in einer Bahnhofhalle: Besuchen Sie uns, wenn Sie in die Gegend kommen – Sie werden von mir hören – – Ich sende Ihnen die Bilder, wenn sie etwas geworden sind – – aber nichts wird gehört, gesandt, besucht. Eine schwebende Bindung auf Abruf, nach Stunden, Tagen, Wochen, ohne Verbindung zu Vergangenheit und Zukunft, ohne Hemmschuh von Stand, Verwandtschaft, Nationalität; Mensch gegen Mensch, bedingungslos vertraulich. Man kann sich Sachen erzählen, die man in der Heimat verschweigen würde, hier ist keine Gefahr des klatschhaften Weitertuschelns; man darf, ohne zu schwindeln, sich vom Amateur zum Kenner befördern, kann verschweigen, dass man erst gestern vor dem Schlafengehen nachgeschlagen hat, wie breit und wie hoch die Cheopspyramide ist, und darf betonen, dass die wirtschaftlichen Verhältnisse des Landes, was den Weinbau betrifft, exklusive Eigenbedarf, in den letzten fünf Jahren und so weiter – das wird die Anerkennung von seiten des Mitfahrers bedeutend festigen, wenn man verheimlicht, dass man im normalen Leben Vertreter in dieser Branche ist. Man kann ungestraft auf der sozialen Leiter eine Stufe höher rücken oder, sich anpassend, mit Genuss tiefer steigen. Selbst auf Gesellschaftsreisen, über die der gelernte Weltfahrer überheblich lächelt: hinein ins Schiff – heraus aus dem Schiff, rein in den Wagen – raus aus dem Wagen, rauf aufs Kamel – runter vom Kamel, selbst auf organisierten Reisen lernt man nur die Lichtseiten der Nebenmenschen kennen, jeder zeigt hilfsbereit und kameradschaftlich sein vorteilhaftes Bild von vorn und im Profil – und auf dem Höhepunkt, wenn man findet, so trefflich könnte es immer weitergehen, sagt man sich Valet!

Der Dampfer umsteuerte die Spitze der Halbinsel und bog ein in den weiten Golf; er kam von Port Said, und schon leuchteten am Horizont im Morgenlicht Stadt und Hafen, wo vor der Weiterfahrt ein Tag angelegt werden sollte. An der Reling lehnten zwei Passagiere und genossen die frische Brise.

«Noch eine Stunde, schätze ich», sagte der eine, als sie an der Insel mit der berühmten Grotte vorbeiglitten.

«Gehen Sie an Land?» fragte der andere.

«Zweifellos. Wiedermal festen Boden unter den Füßen; endlich einige Schritte mehr gehen können als die idiotischen zweihundert hin und her auf Deck. Und etwas anderes sehen als Wasser und noch mehr Wasser. Kommen Sie mit?»

Seit Tagen lebten die zwei Herren in diesem riesigen schwimmenden Hotel, ohne sich zu begegnen, jetzt stießen sie aufeinander, zufällig, wie man sagt, vor dem Frühstück, nach dem kalten Bad im Schwimmbecken; keiner fragte den andern, woher er stamme und was er treibe, nicht einmal die Namen wurden ausgetauscht, und so bleiben sie für uns der Magere und der Feste, der Dünne und der mehr oder weniger Beleibte.

«Nein», antwortete der mehr oder weniger Dicke, «ich habe da so Sachen vernommen über diesen Hafen und diese Stadt, solche Abenteuer zu erleben, möchte ich lieber andern überlassen. Ich hörte unter anderem die neckische Geschichte von jenem Reisenden, der, über Nacht von Zahnweh geplagt, einen Zahnarzt aufsuchte, sich von ihm behandeln ließ – Bohren, Einlage, Plombe –, wegen der Schmerzen sonderbarerweise – oder wie der Dottore sagte, zuvorkommenderweise – unter Narkose, und erst auf der Weiterreise bemerkte, dass dieser Schuft von einem Dentisten ihm alle früheren, teuer bezahlten und noch nicht amortisierten Goldfüllungen herausgebrochen und durch simple Zementplomben ersetzt hatte; solche und andere geniale Schurkereien locken mich nicht, die Stadt zu entdecken. Es scheint, als ob alle pensionierten Seeräuber hier eine Hochschule aufgetan und reichlich viele Diplome an reichlich gewandte Musterschüler verliehen hätten –»

Der Dünne lachte: «Hören Sie mal, ich habe gelesen, dass es auch bei uns Gefängnisse und Zuchthäuser geben soll!»

«Verbrecher, ja, das ist wie Schicksalsschlag und Blitzschlag und unausweichlich», erwiderte der kleine Dicke und griff automatisch nach seiner Brusttasche, «doch hier scheint es nur so zu wimmeln von Betrügern, kleinen Gaunern, Schwindlern, vor denen man sich durch Wachsamkeit schützen kann, aber es ist kein Vergnügen, Schritt für Schritt auf seine Sicherheit bedacht zu sein mit Taschendieben, falschem Geld und falscher Freundlichkeit. Haben Sie das nicht gelesen, kürzlich, mit jenem übervollen Möbelwagen? – So nette, zuvorkommende Umzugsleute seien ihm noch nie begegnet, gab der Betrogene bei der Polizei zu Rapport, vorsichtig mit Geschirr, Spiegeln, Marmortischen, Gipsfiguren, besorgt um das hochpolierte Besitztum und die gebrechlichen Stuhlbeine – – aber in der neuen Wohnung angekommen seien die Sachen nie! Die Fracht mit dem Hausrat fuhr direkt vors Gantlokal zur beschleunigten Versteigerung und wurde schnell und radikal in Geld verwandelt, die Auszug- und Umzugfirma verwandelte sich wohl ebenso schnell in ein anderes gutgetarntes Schwindelunternehmen. – Nein, da mache ich lieber einen Umweg um diesen mit Fallen und Fallgruben gespickten Boden, das heißt, dass ich von Bord aus zuschaue, wie es, gleich am Laufsteg schon, die Händler, Gepäckträger und Kutscher üppig treiben!» Das war der halbwegs Rundliche, worauf der Dünne ihm am Ärmel packte und eindringlich wurde:

«Mein Herr», sagte er, «ich bin ein Old Traveller und habe einiges gesehen, aber es würde mich kaum reizen, die Grenze des Heimatlandes mit all den Belästigungen von Visa, Zoll, Valuta, Bürokraten und Konsulaten zu überschreiten, wenn alles wäre wie daheim: sicher, gut gepflastert, gut beleuchtet, preiswert, bieder, ohne Aufregung. Freilich muss man auf der Hut sein, in manchen Gegenden von wilden Tieren, in anderen vor dem wilden Temperament der Einwohner. Hier in dieser Stadt, die wir anlaufen, gilt eine etwas andere Schreibweise des Wortes ehrlich. Wer sich betrügen lässt, ist dumm, denken sie hier, und Dummheit muss bestraft werden; aber es gibt kaum einen Schurkenstreich, den sie begehen, über den man nicht herzlich lachen kann – wenn man nicht zufällig der Auserlesene ist, dem im Gedränge mit einer Rasierklinge sanft die Rocktasche operiert wird, dass die Brieftasche, dem Schwergewicht folgend, nach unten in die offene Hand des Gauklers gleitet …»

«… oder man nicht der ist, der mit doppeltplombierten Zähnen ungeduldig in seiner leeren Wohnung auf den Möbelwagen wartet», fügte der andere bei.

Lachend stiegen sie in den Speisesaal zu einem Frühstück, hochgetürmt, so breit und so lang, wie es nur ein großes Schiff mit zweiundzwanzig Köchen liefern kann. Nach der dritten Tasse Kaffee machten sie eine Pause und der Magere sagte:

«Sehen Sie, ich sammle Städte, ich reihe sie in Kategorien, gebe ihnen Zensuren, lasse sie in rauen Zeiten wieder aufleben und vorbeimarschieren. Da steht zum Beispiel Verona sehr hoch im Rang – um in diesem Land zu bleiben – da finden Sie die Piazza d'Erbe mit dem bunten Markt unter den bunten Schirmen, die Seidenbörse mit den Bergen goldener Kokons und Kunst, von anno dazumal bis zur Zeit, da der Krieg die alten Brücken demolierte: die römische Arena, die Bronzetüre von San Zeno, den lächelnden Can Grande auf seinem Gaul, das Grab der Julia ...»

«Kunst –», sagte etwas enttäuscht der satte Breite zu dem kauenden Schmalen, «Kunst – wissen Sie, ich habe zu Hause ein paar schöne Bilder an der Wand – eben Romeo und Julia und Balkon und so – das genügt mir ...»

«Dann sind Sie hier am rechten Ort. Es ist keine romantische alte Stadt, und der Kunst können Sie ohne große Anstrengung aus dem Wege gehen, aber ich weiß nicht, ob es eine andere Stadt gibt in Europa mit so viel Leben, farbigem Leben, fröhlichem Gewimmel und heiterem Getöse. Lärm, freilich, aber kein moderner Großstadtlärm mit Hupenstoß und Motorengestampf, sondern ein ganz rückständiges menschliches Brausen, Rufe der Fischverkäufer, Geschrei der Obsthändler, Klopfen der Schreiner, deren Hobelbank sich halb auf die Straße dehnt, Trommeln der Schuhputzer auf ihren Kisten, Knallen der Kutscher und ihr melodisches Hührufen, keifende Weiber, Kindergebrüll, bimmelnde Ziegenherden auf dem löcherigen Straßenpflaster, quietschende Räder der Straßenbahn, eine Wolke von organischen altmodischen Geräuschen, das Leben singt, und alle singen mit – – –»

«Kennen Sie denn die Stadt?»

«Ich kenne die Stadt und ihre Spitzbuben –», lachte der Magere, «ich weiß nicht, ob ich ihr nicht in meiner Sammlung den Ehrenplatz einräumen soll vor allen berühmten schönen, museumswürdigen Städten, als lebensfrohes, lebenslustiges, lebensnahes Konglomerat von Palästen und Hütten, dunkeln Gassen und lichten Plätzen, Reder- und Latifundienreichtum neben Armut in allen Spielarten: Gelegenheits-Arbeiter und Arbeitslose, Bettler und Sonderlinge, Straßenmusikanten und Zigarettenstummelsammler ...»

Die Sirene heulte, der Schritt der Maschine wurde zögernd, das leise Zittern des Tisches setzte aus.

«Jetzt wird der Lotse an Bord genommen», sagte der Rundliche.

«Nein, wir passieren den Hafeneingang, hier ist kein Pilot von Nöten, kommen Sie auf Deck, schauen wir zu, wie die Buben nach Geldstücken tauchen, genau wie die Eingeborenen von Malaya.»

«In diesem Fall, wenn Sie Bescheid wissen an Land ...»

«Ich werde Sie führen», sagte der, der die Stadt zu kennen glaubte, und erzählte weiter, «ich zeige Ihnen das breite Bollwerk am Meer, wo die prächtigen Kutschen mit den munteren Damen unter Palmen Korso fahren; ich führe Sie auf die Hauptstraße, wo sich die wenigen Gefährte gemach im Schritt bewegen müssen, eingeengt von der wogenden Flut der singenden, schimpfenden, fuchtelnden Fußgänger, wo man das Gefühl hat, die ganze Stadt sei hier versammelt und man sich wundert, wer hier die Arbeit tut. Wir werden uns noch durch die schnurgerade Hauptstraße drängen; da wimmeln die Wagen jeder Form und Gestalt, fließend, rollend, verkeilt, jeder Fuhrmann den andern beschimpfend; Lastwagen mit zwei hohen Rädern, mit vier und acht, gezogen von Eseln, kleinen Pferden, mächtigen Gäulen, hochbeladen mit Fässern, Orangenkisten, Korkbündeln, Holzkohle, Schwefelsäcken, vom Hafen zum Bahnhof, vom Bahnhof zum Markt; einer treibt den andern zur Eile, ein lustiges Tohuwabohu; im Grunde eilt es keinem. Ich führe Sie unter das hohe Glasgewölbe der Galleria; da lärmen die Schuhputzer, da schreien die Zeitungsjungen, da stehen die Herren, eine winzige Tasse Kaffee in der Hand, debattieren mit unterstrichenen Worten, und die Wogen des Lärms spülen ihre Sätze in den brausenden, jubelnden Strom; hier werden Heiligenbilder verkauft, Lotterielose, Kokosnüsse; hier wandeln die Mädchen, die nichts besitzen als ein Bett, das sie barmherzig mit jedem teilen; hier ergehen sich die Müßiggänger, die ehrlich zu ihrem Metier stehen, die würdevoll an der Sonne faulenzen, ohne sich geschäftig zu tarnen als Verkäufer von Kugelschreibern oder ‹goldenen› Uhren.»

Er rannte begeistert durch ferne Erinnerungen und suchte den Reisekameraden mitzuziehen:

«Es kommt bisweilen vor, dass einem der Lazzaroni ein neues Lied zufliegt; er trällert und singt es auf der Straße – denn, wer weiß, ob er irgendwo ein Zuhause hat, in welchen dunkeln Mauern seine harte Matratze liegt und wie dort die Akustik ist – er singt, wie einst Caruso hier auf der Straße sang, ehe man ihn entdeckte; einer mit einer Gitarre gesellt sich zu ihm, vielleicht ein Geiger, auf jeden Fall aber alle in Hörweite, die gewohnt sind, die Arbeit auf Morgen zu verschieben, und das sind viele; sie singen mit, zögernd erst, dann laut und sicher, zwei schmucke Carabinieri mit glänzenden Schuhspitzen postieren sich neben die Musikanten, die Straße samt den Häusern mit hunderten von Fenstern, Kopf an Kopf, wird zum großen Konzertsaal, wo jeder Zuhörer auch Mitsänger ist; die Polizei hält die Trambahn an, damit sie das singende Volk nicht störe, die entleert sich und fährt erst weiter, wenn Damen und Herren, echte und falsche, Fahrer und Knipser und sämtliche blinden Passagiere Melodie und Worte kennen –; um sie nicht zu vergessen, wird im rumpelnden Wagen weitergesungen, Fahrer und Knipser und alle blinden Passagiere im Chor; morgen und übermorgen klingt das Lied durch die ganze Stadt, vom Kastell am Berg bis zum Hafen, vom Hosenmatz bis zur Großmutter, da capo und immer wieder, bis ein noch neueres in einer anderen Straße erwacht, andere Straßenbahnen in langer Reihe stehen bleiben und sich entvölkern, und eine neue Weise sich ausbreitet von Gasse zu Gasse, um in düstere Höfe und verwahrloste Viertel einen Strahl Frohgefühl und Daseinsfreude zu tragen», er summte eine Melodie, «die Stadt, die Stadt, ich werde ihr den Lorbeer reichen als dem sangesfreudigsten Ort, den ich kenne!»

«Ich komme mit», sagte der andere, und stimmte in das Summen ein – – –

Hastig kreuzten sie die Geleise der Hafenbahn, «geradeaus, hinter der Allee, steht das Rathaus», erwartungsvoll eilten sie an den Matrosenkneipen und Wechselstuben vorbei, «in dem roten Palast hauste früher ein König», freudig überquerten sie einen Garten mit struppigem Rasen und steifen Beeten, freudig?: Nach einigen Minuten, nach wenigen hundert Metern steckten sie im dicksten, lautesten Verkehrstumult, den die Welt zu bieten hat, litten in einer tobenden Hölle von Lärm, Autowirrwarr, Gerassel, Tuten, Krachen, Autosalat und Autoragout; das gewohnte Bild und tausendstimmige Rezitativ einer Großstadt, vervielfacht durch die südliche Lust an wildem Tanz und Lärm – dass Menschen hier gelassen ohne körperliche Schäden an Knochen, Gehör, Gesichts- und Geruchsnerven lebend das Chaos durchquerten und überstanden, zeigte, dass nicht spontaner Aufruhr und Panik die Stadt heimsuchte, sondern dass das tägliche Sturmgetöse zum täglichen Brot und zur ständigen brutalen Orchesterbegleitung gehörte. Kein Platz für ein Lied, kein Platz für einen Esel, eine Taube, eine Droschke.

«Es ist allerdings schon eine Weile her, dass ich hier war», sagte der eine verärgert; er ärgerte sich noch mehr, dass er laut und lauter nochmal sagen musste, er wäre am liebsten zum Schiff zurückgekehrt.

«Die Zeit steht nicht still», tröstete der andere ebenso laut und wollte nicht zurück, er wollte mehr sehen und anderes. Was denn?

Neue Paläste aus Beton, mit Marmor und Travertin verkleidet. Riesige Lieferwagen, glänzende Personenwagen, Cars und Supercars. Luxusläden: Antilopenmäntel, Krokodillederschuhe – Kaffeehäuser: Nickel und Neonlicht – Banken: teure Gitter und silberne Säulen – Reisebüro: TWA SAS KLM – prächtig wie in jeder Stadt von heute, zehn Etagen hoch – oder noch höher?

Eilige junge Männer, aus deren Mappe das kleine Radio tönte; elegante junge Damen mit Sonnenbrille, gekleidet und gefärbt und coiffiert nach dem selben Muster, wie in jeder Stadt von heute.

Über allem der lärmende Helikopter, unterwegs nach der Insel mit einer Ladung Stadt für die darbenden Fischer und Weinbauern!

«Ich kenne mich nicht mehr aus», klagte der eine und schaute sich verstört um, «hier stand das kleine Café mit dem Mandolinenspieler – oder dort? – nein – ich weiß es nicht – – –»

«Was wollen Sie? Die Welt ändert sich von Tag zu Tag, und seit gestern in rasendem Tempo; mir gefällt's hier – wie sagten Sie, ein buntes Konglomerat, hahaha», lachte der andere und bog in eine ebenso belebte neugefirnisste Seitenstraße, so recht nach seinem Geschmack: Fenster mit Salami, Schinken, dicken Kürbis-Würsten, Melonen-Käsen; frohlockende Gemüseladen, Metzgereien, Esslokale mit den ausgestellten

Leckerbissen des Meeres und der Campagna, Gewölbe mit der farbigen Fülle aller südlichen Obst- und Fruchtbäume; davor am Straßenrand Händler mit gerösteten Nüsschen, gesalzenen Mandeln, gekochten Saubohnen, gebackenen Fischchen, ausgepressten Lemonen und dem entsprechenden Lob und Preis – – –

«Diesen nahrhaften Nebenweg müssen wir uns merken», fuhr der Dicke fort und blieb alle vier Schritte stehen, während sein magerer Partner verloren weiterschritt und murmelte: «Der singende goldene Traum, den ich seit Jahren hegte, hat sich verwandelt in dämonischen Welttumult». Er schüttelte den Kopf, er senkte den Kopf, in seinem Kopf wiederholte sich die beklemmende Entwicklung des letzten Dezenniums, die kein Fortschritt war –, «aber eines kann sich nicht verändert haben, das kann nicht sein, das gebe ich nicht zu!»

Der Dicke holte ihn ein und wiederholte aufgeregt:

«Wenn es so weit ist mit Zeit und Appetit, werden wir in die verlokkende Avenue zurückkehren!»

«Wo, wo mag er sein?» sagte sich in Gedanken der Dünne.

«Was?» fragte der andere.

«Ob ich ihn noch finde? Ich weiß keinen Namen, weiß nicht den Weg, kaum die Richtung – wir werden suchen!»

«Wen suchen? Was finden?»

Der, welcher die Stadt von früher kannte und sie nicht wiedererkannte, der, welcher betrübt eine selige Erinnerung versinken sah, öffnete seinem Bekannten, den er gestern noch nicht gekannt hatte, eine heimliche Ecke seines Herzens und erzählte von jenem Garten, an den er zurückdachte als wonnigen Ort am sonnigen Abhang. Eine mächtige Mauer auf das Kliff gestellt über dem Meer – das blaue Meer, sagt man gewohnheitsmäßig, aber es war wirklich von einer unwirklichen Bläue – ein Hochzeitspaar, augenscheinlich: eng umschlungen in einem Rundtempelchen, allein auf der Welt – wahrhaftig, menschenleer war der Park wie am ersten Tag nach der Schöpfung das Paradies; roter Kies auf den Wegen, eine einsame Pinie mit dem Vulkan im Hintergrund: Wirklichkeit, zum Anfassen, und doch traumhaft. Andere Bäume, die keiner kennt, weil sie übersponnen sind von Sturzbächen blühender Schlinggewächse, Palmen, Drachenbäume und diese sonderbaren Gewächse mit Ästen wie Tannzapfen – – –

Sie hatten sich inzwischen halbbetäubt von dem rasselnden Atem der Großstadt an den Rand eines Brunnens ohne Wasser gesetzt – ja, auch eine Fontäne tanzte auf einem weiten Rasenplatz, weiße Standbilder in schattigen Lichtungen, Myrtenhecken, Lorbeerhaine, Zypressenzeilen, man kann es nicht beschreiben, man muss es sehen, es ist unbeschreiblich –

«Unbeschreiblich schön, meinen Sie», wiederholte der nette Dicke, «ganz recht, diesen Märchengarten müssen wir suchen und finden!»

Sie suchten; versuchten aus dem Labyrinth der Häuser herauszukommen, auf eine Anhöhe, um Ausschau zu halten nach jener Pinie, nach den Palmen, nach einer Lücke im steinernen Urwald, wo Raum sein könnte für einen Park – – –

«Ein fürstliches Gittertor bildet den Eingang – und ein Einspänner steht davor.»

«Der war für das Liebespaar, darauf können wir uns nicht verlassen; aber wenn diese Anlage so einmalig und vollkommen ist, muss doch jedes Kind Bescheid wissen.»

Sie fragten; doch schien die einmalige Kostbarkeit in vielen Exemplaren zu bestehen, denn an jeder Gassenecke wurden sie zuvorkommend in eine andere Himmelsrichtung gewiesen. Auf diese Weise entdeckten sie dennoch die Stadt von damals, das Leben, das noch nicht vom wilden Leben aufgefressen war. Nach dem Gewühl der glitzernden breiten Straßen zogen sie durch enge Gassen ohne Leben, vorbei an Palästen, die krank und müde zurückgeblieben waren auf dem Weg ins zwanzigste Jahrhundert, durch steile Gassen mit überbordendem Betrieb, in denen wie in einer riesigen langen Stube alles gestrickt, geschustert, gedrechselt, gehämmert, feilgeboten und feilschend gekauft wurde, was der Mensch wirklich braucht; zugleich auch Kinderstube und Spielplatz, Singsaal, Hundeparadies und endlich Papierkorb und Abfallgrube – – –

Immerhin! strahlte der Hagere, der Dicke nickte. Sie querten holperige Plätze mit und ohne Monument, kamen vorbei an Kirchenportalen mit Bettlern, Klosterpforten mit Nonnen unter blendender Schmetterlingshaube, durch dreckige Hintergassen mit halbnackten Kindern, über breite Treppen, deren Stufen strümpfestopfenden Müttern, rauchenden, schlafenden, spuckenden Greisen, lottospielenden Faulenzern Platz boten in dem Viereck Sonnenschein, das die Dächer freiließen. Ein

Esel zog einen baufälligen Wagen mit einem Drehklavier drauf, das ständig dudelte; ein prächtiger Leichenwagen mit sechs befederten und bewimpelten Schimmeln und einem silberglitzernden Sarg rollte vorüber, das Herrlichste und Teuerste, was sich der tote Schuhmacher oder Gasarbeiter je im Leben hatte leisten können; großspurige Schreiber mit entsprechender Brille und riesigem Tintenfass an kleinen Tischen lasen und verfassten Briefe für jene Kunden, die die Schule nur von außen gesehen hatten, deren Lustigkeit und schlagfertiger Witz einschrumpften vor der Kunst des Buchstabenmeisters.

Während des Suchens nach dem Garten, der nun den Höhepunkt des Landausfluges bilden sollte, wurde dieser in der Erzählung immer üppiger, feenhafter, belebt von Papageien, Kokospalmen, Flamingos in Seerosenteichen mit Papyrusstauden und Sumpfzypressen, Marmorsäulen, heißen Quellen, Lavakratern, was weiß ich – ein Treffpunkt von Alhambra, Tivoli, Capri, Isola Bella – – – Wenn der wackere Dicke nicht plötzlich ausgebrochen wäre: «Ich habe Hunger!», so hätten blaue Grotte, Stromboli, die Sphinx, Bärengraben, Löwensteppe und die Geysire von Island in dem sagenhaften Park Platz gefunden.

«Wir müssen jene inhaltsreiche Gasse mit den Langusten, Lammbraten und runden Käsen wieder finden!»

Sie suchten ohne Faden einen Weg aus dem Labyrinth, getrieben vom hungrigen Magen. Es ist wie verhext: Ist man satt, stößt man auf ungezählte Esstuben und Speisehäuser, plagt der Hunger, findet man kaum einen fliegenden Händler, den Bauchladen gehäuft mit gerösteten Kürbiskernen. Langsam wurden sie gereizt, der eine lief hierhin, der andere um jene Ecke, um sich kopfschüttelnd wieder zu treffen. Von jetzt ab erkundigten sie sich weder nach dem verwunschenen Garten noch nach den verschwundenen gedeckten Tischen, sondern nach dem Hafen; sie lobten das Essen auf dem Schiff, redeten nur noch von Hors d'Œuvres und der langen Speisekarte – und standen unerwartet, umgeben von Bratenduft, vor einer Kneipe. Rohe Tische ohne Tuch, im Hintergrund der Herd, hemdärmlige Gäste, was sage ich Hemd, dunkelblaue Matrosenpullover und dünne, einst weiße Baumwollleibchen: das Messer bereit zum Kampf mit dem Stück Fleisch. Ein säuerlicher Geruch kochender Teigwaren, verschütteten Weines, gedämpfter Tomaten.

Sie bestellten von dem Fleisch, ja bitte, oder Fisch, wir sind nicht wählerisch. Das Mädchen, das sie bediente, war eine alte Frau, eine Hexe aus dem Märchen, was Nase, Zahnruinen, Runzeln und Unfreundlichkeit betrifft; sie stellte barsch einen gehäuften Teller vor sie hin, das richtige Maß in der gehörigen Dichte für ein halbes Duzend hungriger Panduren, und sagte: Suppe! in einem Ton, der sie zusammenschrecken ließ wie ertappte Schulbuben. Diese Suppe war ein dicker Brei von Reis und Bohnen – sie stellte mürrisch eine Karaffe gelben Wein auf den Tisch, der Wein war köstlich. Überhaupt, sie aßen, stillten den Hunger, aßen weiter, wollten niemanden beleidigen und der Knusperhexe schöntun und stopften gleich braven Kindern den vierstöckigen Teller in sich hinein.

Die Arme breit auf dem Tisch, den Kopf darauf gebettet, schlief einer neben ihnen, nachdem er die Arbeit des Spaghettiverschlingens hinter sich hatte, einen tiefen Schlaf, denn er regte sich nicht, als zwei Nachbarn begannen, in hohen Touren um irgendeine Kleinigkeit zu streiten in einer Sprache, für die kein Lehrbuch existiert, mit Wörtern, die man, ohne sie zu verstehen, zur Kategorie der Flüche rechnen musste. Kunstvolle Redeschlacht, bald abwechselnd hin und her, bald beide gleichzeitig, sich steigernd in Höhe und Schnelligkeit, um plötzlich zu einer erschreckend stillen Atempause abzustürzen, die unterstrichen, besiegelt mit unendlichen Variationen von Hand-, Faust-, Kopf- und Schulterbewegungen, Zappeln, Wackeln, Zittern, Spreizen, Winken, Schwung und Punkt. Der Koch gesellte sich zu ihnen als Friedensengel und fuchtelte, statt mit dem Palmwedel, gefährlich mit dem langen Küchenmesser; ein Krieg zu dritt, der die zwei in einer Theaterloge zuschauen und dennoch ängstlich an die Wand rücken ließ. Unvermutet, wie es anfing, hörte das Redeturnier auf, als singend zwei Musikanten mit Gitarre eintraten. Sie verneigten sich, das bedeutete einen Trunk, gespendet vom Koch, sie ließen ein Duett klingen, das versprach einen Obolus von den Anwesenden – Obolus war einst die kleinste Münze bei den Griechen, soviel ich weiß. Dann sangen alle mit, die Krieger und der Friedensengel, der Streit um die Weinberge im Mond war verschoben, der Schläfer erwachte und fügte zu dem Chor einen schrillen Diskant, der schwerelos über den Männerstimmen auf- und abpurzelte.

Der Koch und Wirt setzte sich zu unserem Paar in der Ecke, gab jedem die Hand, drehte sich wieder der Gitarre zu und sang weiter – mehr kann unsereiner nicht verlangen, nickte der Dünne dem Dicken zu; mir gefällt's, bestätigte ebenso wortlos nickend der Dicke dem Dünnen, dann probierten sie leise ihre Stimmen und folgten verschämt, immer etwas nachhinkend der Melodie. Sonne leuchtete in dem verrauchten Lokal – – schließ die Augen, und du bist da, wo die Welt schön und echt ist; das einzig Düstere in dem alles andere als lichten Raum war die Alte am Herd. Das Düstere lässt sich nicht aus dem Leben wegdisputieren, das Krumme lässt sich nicht mit Reden im Rat der Großen gerade biegen, das Böse nicht mit Jammern leichter ertragen – die Zwei vom großen Schiff schauten sich an und hoben bedeutungsvoll die Augenbrauen, das bedeutete beim einen: Es ist unbeschreiblich, beim andern: Mir gefällt's. Sie blieben sitzen, sie dachten: Wenn ich wieder auf die Welt komme … Getrunken wurde nichts, warum auch, sie saßen vor dem halbleeren Glas und hörten zum wievielten Mal in allen Lesarten singen von Mare, Amore, Luna e Sole. Gegen Abend holte die Alte über der Gasse Kaffee und stellte mit der Andeutung eines Knixes ein Tässchen von jenem aromatischen, süßen, starken Gebräu vor jeden – – – das ist immerhin die erste Zeile zum Bürgerbrief dieser lebensklugen Brüderschaft, dachten die beiden – und wenn sie selbander zu Fuß oder in einem Einspänner zum Schiff heimkehren, kann es für sie höchstens eine komische Krönung des ergötzlichen Tages sein, falls einem von ihnen die Füllfeder geklaut wird oder der Kutscher sie mit dem Kleingeld betrügt; wenn sie später für sich, wer weiß wo, eingeklemmt zwischen bizarren Hochhäusern, die Himmel, Sonne und Sterne aufsaugen, an diese Stadt zurückdenken, werden sie sich dabei ertappen, dass sie eine der Weisen von damals summen und dankbar lächelnd an die dicke Bohnensuppe zurückdenken.

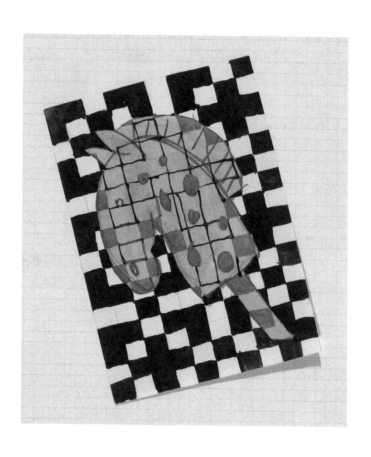

Ritt in beglückende Gefilde

Ein Steckenpferd ist eine Beschäftigung, die selbst bei beschwerlicher Anstrengung von Körper und Geist nie in Arbeit ausartet. Arbeit riecht nach Pflicht und schließt die ungestüme Jagd nach Geld in sich.

Der Soziologe sagt: «Für die meisten Zeitgenossen ist das namenlose Wirken im Stillen reizlos, ja verdächtig; wer nicht laut ruft, hört kein Echo, und erst wenn vor aller Welt auf offenem Markt von ihm und seinem Tun gesprochen wird, kann er sich als vollwertiger Mensch betrachten. Das Bild in der Illustrierten von ihm öffnet ein Türchen zum Ruhm und schließt dafür den Eingang zum eigenen Innern.»

Der Arzt sagt: «Eine der Hauptursachen der Managerkrankheit und der zahlreichen Herzinfarkte ist die ungenügende Gelegenheit für den modernen Menschen, seinen Zorn auf geeignete Weise abzureagieren. Neben verschiedenen Hobbies, die zu bekömmlicheren Erregungen führen, vom Bücherschrank basteln bis zum Sammeln von Orangenpapierchen (wobei die eingewickelten Vitamine nebenbei noch mitgeliefert werden), empfehle ich die zornigen und beleidigenden Briefe an den Chef, an die Steuerbehörde, an den Ministerpräsidenten wirklich zu schreiben – um sie hernach in der Schublade zu verstauen oder die empörten Schimpfreden auf Tonband aufzunehmen, um sie später lachend und vom Ärger erlöst wieder abzuhören.»

Mark Twain rät in dieser Sache: «Wenn du zornig bist, zähle bis vier; bist du sehr zornig, dann fluche.» Jakob Flach hat zur Steigerung dieses Beruhigungsmittels im Garten den ruppigen Wurzelstock einer gefällten Eiche, in der er sich wütend mit Säge, Keil und Beil verbeißt.

Aber nicht jeder, der einen Garten besitzt, duldet darin lautes Fluchen um einen Baumstrunk, der Wutentbrannte muss ein Steckenpferd besteigen, um sein seelisches Gleichgewicht wieder zu finden.

Ich habe einen Freund, der stets neben der alltäglichen Brotfron eine nie ganz alltägliche Liebhaberei betreibt. Als ich ihn vor -zig Jahren kennen lernte, hatte er abseits der Stadt ein kleines Häuschen gepachtet, zu dem gehörte ein Acker. Statt dass er in seiner freien Zeit Kartoffeln pflanzte, hackte, erntete und aß, züchtete er Nelken – beileibe nicht zum Verkauf, nur zur Ergötzung von Gemüt, Auge und Nase: er behauptete boshaft, die einzelnen Sorten am Geruch unterscheiden zu können, zählte Namen auf in allen Kultursprachen, Farben und Zwischenfarben, dass mir Wald- und Wiesenbotaniker schwindlig wurde. Wenn man ihn in der guten Jahreszeit besuchte, loderte um sein Haus ein Feuermeer von Blumen; dichter Duft von Nelken breitete sich über das Land; drinnen barg jedes Gefäß, das Wasser halten konnte, einen Arm voll Blüten, wohl sortiert oder geschickt gemischt; Krüge, Schüsseln, Zahnputzgläser, Milchhafen, Suppentöpfe, Weinflaschen standen, zu Blumenvasen geadelt, auf allen ebenen Flächen der Wohnung. Halb betäubt, durchduftet und in eine Wolke von Balsam gehüllt, verließ man das Fabelhaus mit einem Strauß, der für drei fürstliche Hochzeiten ausgereicht hätte. Im Winter half er seiner Nase, in Form zu bleiben, mit billigem Eau de Cologne, während er seine Sammlung von Schreibfedern bündelte und ordnete, Schächtelchen voll Kleinigkeiten, silberglänzend, stahlblau, kupfern und schwarz, vom Gänsekiel des Großvaters bis zur Goldfeder des neuzeitlichen zerbrochenen Füllfederhalters. (Und fühlte sich wohl dabei.)

Als er sein Dufthaus verlassen musste, fand er die Wohnung, die ihm die Blumenebene ersetzen konnte: Hoch über den Dächern, fast in Turmeshöhe, nistete er sich ein. Da er aus Prinzip oder aus Geldmangel keine Vorhänge vor die Fenster nagelte, ließ ihn der Vollmond – der einzige Nachbar, der hereinschauen konnte – da der geradewegs auf seine Nase zielte, nicht schlafen. Das führte zu einer innigen Freundschaft mit dem Mond; da er sich beharrlich weigerte, den bleichen Nachtwandler lyrisch zu verwerten, landete er bei der Astronomie. Seit Jahren notiert er täglich (und nächtlich), falls es die Wolken erlauben, die Mondauf- und Untergänge nach der Zeit und, auf einer langen Zeichnung des bergigen Horizontes, den genauen Ort. Das zieht Mathematik und Logarithmen nach sich; die Wände der Turmstube sind tapeziert mit Tabellen, synoptischen Übersichten, Bildern des Mondes und dessen Laufbahn in Spiralen, Parabeln und Rundtänzen – – – zur Erholung von Zahlen, Kurven und Fragezeichen schwärzt er Gläser für die nächste Sonnenfinsternis, sodass seine freie Zeit ausgefüllt ist, und er wenig Muße findet, außer in Neumondnächten, für sein anderes Steckenpferd: Er sammelt Tassen und trinkt jeden Tag aus einer anderen. Da er aber weder Geld noch Platz hat – die primitive Behausung bekräftigt beides – für teures Meißener Tafelgeschirr oder Wedgwood und China, wirft er sich auf skurrile Einzelstücke vom Trödler. Bauerntassen jeder Form und Größe, Jugendstilfragmente mit Blümchen und Arabesken, intime Porzellankleinode mit Aufschriften: Der lieben Mutter; Zum 50. Jahrestag; Gruß aus Frankfurt a/M und mit den Zeichen der Speisewagengesellschaft oder des Gasthofs zum Weißen Hirsch. Das Glanzstück der Sammlung, das er bei jedem Besuch vor mich stellt, so wertvoll, dass kein Altwarenhändler einen Blick daran verschwendete, ist ein einfacher weißer Porzellanbecher mit Henkel, dem braunen Abbild einer Landschaft und einem russischen Spruch. Jedesmal frage ich ihn von neuem, was diese Inschrift wohl bedeuten möge, und jedesmal erzählt er eine andere Anekdote; wenn er sich je einmal wiederholte mit einer Schnurre, so fiele die nächste Sonnenfinsternis aus oder der Mond liefe rückwärts. (Und er führt ein beneidenswert glückliches Dasein in seiner Dachstube.)

Die Beschäftigung mit einer Liebhaberei bedeutet nicht Flucht in eine Traumwelt und Negieren der Realität, sondern Ergänzung des Alltags, sie soll der Gewichtstein sein, der sacht in die Waagschale gelegt wird, wenn die andere bedenklich sinkt vor Überlast des lauten Tuns von Wichtigkeit und unaufschiebbaren Geschäften. Ich las den Bericht von jenem Teehändler, der geplagt von den rätselhaften Zeichen auf den Teekisten, sich für die ferne Schrift und Sprache erwärmte und schließlich ein Kenner des rätselhaften chinesischen Wesens wurde. Ich habe einen Bekannten, der sagte sich, warum soll man nur als Kind in die Schule gehen, man hat nie ausgelernt, später sind sogar die Voraussetzungen zum Verstehen größer; so treibt er in den Abendstunden des Mittwoch Russischen, um den verzauberten Wanderer von Ljesskow im Original zu genießen, und am Freitag Italienisch, um der Divina Comedia näher zu kommen – – –

Ein Hobby haben, das heißt, etwas treiben, das dem Bemühen um das tägliche Brot möglichst entgegengesetzt läuft, etwas treiben um seiner selbst willen, weil es Freude macht und nicht wegen irgendwelchen materiellen Vorteilen und einem Schielen nach guter Kritik und Anerkennung. Wenn einer seine Garage selbst baut, kommt sie wahrscheinlich teurer, als wenn sie Fachleute erstellen, aber selbst wenn die

Wände krumm sind und vom Nachbarn verspottet, hat keiner, weder Fachmann noch Nachbar, eine Ahnung, wie viel Vergnügen das Bauen einer Mauer bietet und wäre sie noch so schief.

Außerdem: Der Fachmann und Spezialist, der alles besser weiß, schreibt uns vor, was wir essen sollen, welche Farbe die Kleider der Damen haben, wie spitz die Schuhe der Herren dieses Frühjahr sein sollen und wie hoch, wie breit, wie schief die Hüte getragen werden – wie köstlich ist es dabei, einen Schritt neben der breiten Straße zu gehen, den Hut vielleicht, statt wie vorgeschrieben schief auf dem rechten Ohr, auf dem linken zu tragen. Hier, in der Gegend, wo ich dies schreibe, gehört zu jedem Neubau unweigerlich eine Gruppe Palmen, die im Winter jämmerlich frieren, und ein Schwimmbad, das im trockenen Sommer verdurstet, sonst ist es kein Haus, in dem sich moderne Menschen wohlfühlen können! Einen Raum für eine Hobelbank, Platz zu schaffen für einen Werkzeugschrank, Bretter, Drahtrollen und andere wichtige Nebensachen, hat der Architekt vergessen.

Zählen wir Feierabendkostbarkeiten, die zum körperlichen und seelischen Wohl beitragen, kurz auf, wobei die Liste ins Unendliche fortgesetzt werden kann von denen, die einige Phantasie besitzen:

Wenn der Garten mehr sein soll als notwendige Zierde des Hauses mit besagten Palmen und Swimmingpool, kann er die Quelle mannigfaltiger Betätigungen sein, vom Pflegen und Gießen und Beschneiden bis zum Züchten von Rosen, Dahlien – und was weiß ich.

Dann die Tiere – von Hunden, Katzen und Käfigvögeln brauche ich nicht zu reden, Aquarien und Terrarien nur kurz zu erwähnen – ein Biologe schreibt: Es führen so viele Wege in die Häuserschluchten hinein wie aus ihnen heraus; er zielt damit – unter anderem, das auf diesen Seiten schon erwähnt wurde – auf den Zoologischen Garten. Hier erleben wir Stunden der Muße, die manchen von der Zerstreuung zur Konzentration auf verschiedene Gebiete führen können. Ein Sohn kam aus der Fremde auf Urlaub ins Vaterhaus zurück. Die Eltern, seit dem Ausfliegen der Brut allein, waren alt geworden, zu alt; eingesponnen von Erinnerungen und ohne Beziehung zum Heute, trippelten sie im kleinen Kreis rundum, was dem Heimgekehrten ein kümmerliches Leben schien. Er besorgte sich in der Tierhandlung ein Meerschweinchen, baute ihm in einer Ecke der Wohnung einen Holzstall – es sind saubere Tiere, die warm nach Heu riechen und ihr Geschäft säuberlich in einer bestimmten Ecke besorgen – er pflegte das kleine Wesen, fütterte es mit Gras, nahm es oft in der Rocktasche mit über Feld und ließ es in einer Wiese naschen und rennen und sich austoben. Als er wieder abreiste, ließ er, liebevoll die Folgen berechnend, das Tier zurück, sodass die Alten gezwungen waren, das Waisenkind zu adoptieren, zu pflegen, zu füttern, auszuführen. So sah man die Alten jeden Feierabend unterwegs vor der Stadt mit Körbchen oder Papiersack, um Gras und Kräuter zu sammeln, dabei entdeckten sie wieder, was sie längst vergessen hatten, Himmel, Bäume, Acker, Bach, wurden jünger, lebenslustiger und besaßen außerdem in dem kleinen Nagetier eine lebende Erinnerung an den fernen Sohn – das ist das Beispiel der erfreulichen Wirkung einer Liebhaberei.

Hausmusik treiben, ist eine vergessene Kunst, obwohl man dazu nicht Künstler zu sein braucht, nur Enthusiast – aber Plattenspieler und Radio können ja viel besser musizieren!

Photographien, womit ich nicht nur das Knipsen von Auto und geliebten Begleitern vor einer schönen Aussicht meine, sondern auch alles Aufregende, was dazugehört, Entwickeln, Kopieren, Vergrößern und die mannigfaltigen Experimente; oft aber hindert dieses Spiel mit Licht und Schatten und Farben das richtige Sehen – so absonderlich das klingt –, manchem kann es gehen wie jenem, der sich in Uganda von einem schwarzen Fahrer über die Steppe führen ließ und vor lauter Einstellen, Visieren, Filmwechseln und dergleichen erst zu Hause dazukam, die Elefanten, Kongoni- und Impalaherden, Krokodile und Flusspferde zu betrachten. Da lobe ich mir als Begleiter Papier und Bleistift oder Füllfeder zum Zeichnen – nur so für sich selbst als Merk- und Tagebuchblatt: ein Kirchturm, ein Bergprofil, ein Segelschiff, ein Türklopfer, ein altes Wirtshausschild, das Blatt eines unbekannten Baumes.

Auch das Aufzeichnen von Liedern, die man unterwegs hört, ist eine amüsante Betätigung: Ich habe einen Reisegefährten getroffen, der das mit einem kleinen Aufnahmegerät bewerkstelligte – das ist – wenn man schon Geld für einen Apparat ausgibt, vernünftiger, als mit einem Taschenradio Freunde und Fremde am Strand, auf dem Berg, und wo immer es sei, zu belästigen. Damit sind wir halbwegs zum Sammeln gekommen, das ist ein so weites Gebiet, dass jeder Geschmack und jeder Spleen befriedigt werden kann.

Ich will mich nicht zu sehr auf Briefmarkensammeln einlassen, die Marke ist bei vielen zum Wertgegenstand geworden; doch gibt es immerhin solche, die «schöne Bildchen» sammeln und die Seiten ihres Albums mit den Serien von Blumen, Schiffen, Städteansichten oder Heiligen und Madonnen mit und ohne Stempel vollkleben.

Wer es vermag, sammelt alte Gläser, Münzen, Waffen, Bilder, kleine und große Plastik; andere sind verliebt in Tabakpfeifen, Musikinstrumente – es ist etwas vom Reizvollsten, in der Heimstadt oder auf Reisen die Antiquare aufzustöbern und in ihren Schätzen herumzustöbern, nach Flöten und Querpfeifen zum Beispiel: eine Dalmatinische Doppelflöte mit der eingebrannten Andeutung der Bänder, die sie zusammenhalten; eine Schalmei aus Alicante; das zweiteilige Instrument aus Syrien, dessen schrille Töne aus Röhrenknochen purzeln; ein Dudelsack aus den Abruzzen ...

Vieles, was man beim Buchantiquar aufstöbern kann, ist sammelnswert, erste Ausgaben eines Lieblingsdichters, alte Landkarten, verschollene Reisebücher, vergilbte Stiche – ich kenne einen, der behütet sämtliche Ausgaben des Tristram Shandy von Sterne, die er finden konnte, und alle Übersetzungen davon, deren er habhaft wurde; wenn er weiter sucht, ob er findet oder nicht, ist er stets elektrisiert von der Möglichkeit eines seltenen Zuwachses.

Man kann Flüsse sammeln, Städte sammeln, Kochrezepte, Gipfelsteine, Muscheln, Schneckenhäuser oder ganz gewöhnliche Kiesel aus dem Bachbett oder vom Meeresstrand ...

Ob das noch zum Sammeln zu rechnen ist, wenn man in jedem Hotel, in dem man auf der Reise nächtigt, den Aschenbecher mitnimmt, oder ob es als Kleptomanie straffällig ist, weiß ich nicht, denn anschließend könnte man von jenem erzählen, der schon als Kind anfing, Schlüssel zusammenzutragen und es zu einer prächtigen Sammlung brachte, die er schließlich – als erfolgreicher Einbrecher – dem Polizeimuseum vermachte.

Zum Schluss ein Steckenpferd, das so bunt aufgezäumt und ergötzlich ist, wie man es sich nur wünschen kann: Beim Puppenspiel besteht keine Gefahr (selbst wenn das Spiel mit den Jahren von der Neben-Beschäftigung zum Neben-Beruf wird), dass einen das Pferd abwirft und man vom Amateur zum Professional wird, auch wenn man Eintrittsgeld verlangt und Billetsteuer zahlen muss. Man kann Liebhaber des Puppenspiels werden als Zuschauer, seien es Handpuppen, Marionetten an Fäden, Schattenspiele und alle Abarten. Ein Abenteuer ist schon das Suchen dieser kleinen Bühnen, die sich oft in Hintergassen verstecken; viel inniger, aufregender und befriedigender wird es sein, selbst Puppen oder Fäden und Stäbe in die Hand zu nehmen und zu agieren; doch dazu brauchen wir fast einen neuen Absatz.

Das Marionettenspiel, bei dem die Puppe von oben an Fäden gelenkt wird, stellt seit Jahren meine bevorzugte Passion dar, bei der sich meine gliederreiche Vielseitigkeit ausstrampeln kann. Hier wird geschreinert, gemalt, gebastelt und gebosselt, werden Köpfe geschnitzt, Stücke geschrieben, elektrische Kabel verlegt, wird gesungen, musiziert, geblitzt und unwirkliches Abendrot fabriziert, wird auf absonderliche Art Theater gespielt. Jeder einzelne Mitspieler glänzt als Könner auf seinem Gebiet und ist dennoch nur ein Rädchen in dem Getriebe, ein Teilchen eines Ensembles von Enthusiasten; denn hier zeigt sich etwas vom Schönsten – und vielleicht Seltensten – die Anonymität, das gemeinsame Werk einer namenlosen Gemeinschaft ohne persönlichen Ehrgeiz. Es ist nicht wichtig, dass man Bildhauer sei, um Puppenköpfe entstehen zu lassen – die köstlichsten Figuren werden von kleinen Jungen mit dem Taschenmesser geschnitzt – wichtig ist die Begeisterungsfähigkeit; es ist nicht nötig, eine raffinierte Bühne zu besitzen mit Flutlicht, Scheinwerfer und Rundhorizont, nötig ist die Besessenheit. Unsere kleinen Freunde nageln und zaubern aus einer Taschenlaterne einen Scheinwerfer – was die jungen Damen und Herren fertig bringen, ist auch uns Erwachsenen möglich, wenn wir uns Mühe geben! Denn es ist ein Irrtum, zu glauben, Puppenspiel sei für Kinder und kindliche Gemüter: Seit über zwanzig Jahren spiele ich mit meinen Getreuen Stücke und Zaubereien vor Erwachsenen; die Zuschauer sind entzückt und die Schar hinter der Bühne (voll zurechnungsfähige Leute, der Beleuchter trägt einen Vollbart), hat das beglückende Gefühl, Schöpfer zu sein eines kleinen, nichtigen Kosmos, der den Menschen das Wichtigste bringt: einen kurzen seligen Blick ins Paradies – – – damit kommen wir auf den Anfang des Kapitels zurück:

Für den, der ein Steckenpferd reitet, ist das namenlose Wirken im Stillen voller Reiz; ob einer in der freien Zeit seine Bücher selber bindet oder im Keller eine Obsthürde zimmert, er wird dabei so viele seelische Kräfte sammeln, dass er lachend einige Sorgen vertreiben kann und das Gleichgewicht findet zwischen Werktag und Feierstunden zum ersprießlichen Spaziergang durchs Leben.

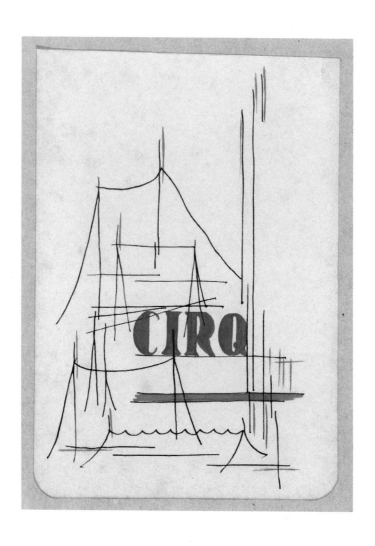

sollte, er wurde patriotisch und füllte das leere Amphitheater mit den Soldaten der Garnison zu vaterländisch niederem Eintrittspreis, er warb um Kinder, Vereine, Zünfte, alles umsonst, der Geier kreiste und stieß herab, und so wurden die leeren Reviere des jämmerlichen zoologischen Gartens dieser Stadt mit billig auf der Gant erstandenen Tieren gefüllt – wir aber, Artisten und Arbeiter, gebeten, uns von der Liste der Einwohner als gestrichen zu betrachten und anderswo Handstand und Ballspiel zu üben. Es fiel uns schwer, auseinander zu gehen, wir waren ein Vorbild für die Welt; über alle Grenzen hinweg in ersprießlicher Zusammenarbeit ein Beispiel für die streitsüchtige Menschheit: international und brüderlich; trotz vieler Sprachen und Rassen einig; trotz größtem Ehrgeiz ohne Neid; trotz Fröhlichkeit und Leichtsinn arbeitsam – alles umsonst, ich hatte zum letzten Mal in karierten Hosen den Tölpel gespielt.

Wir feierten Abschied in einem Kellergewölbe; der Wein war billig; der Löwenbändiger hielt eine Rede, in der seine Raubtiere besser abschnitten als die Bewohner der Stadt; die vier Ungarn erwischten eine Geige und fiedelten abwechselnd drauf los; dem Jongleur kamen die Tränen in die Augen, er sang arabisch zu den Zigeunermelodien (ein Toter liegt tot auf Begrabenen / ein Begrabener über Toten / geh leise, Sterblicher, über die Erde / denn ihr Antlitz besteht aus Toten und Leichen / aus Gräbern über Gräbern, o Allah, Abubulah), wir schluchzten alle mit in sieben Sprachen, Musik vereint die Völker, und nah dem fürchterlichen Gesang behauptete der Neapolitaner, der Springer vom Trampolin: Senza l'arte la vita è una porcheria!

«Sehr richtig, meine Herren, ohne Kunst ist das Leben eine Schweinerei», wiederholte der Dompteur, «aber viele merken es nicht, denn sie fühlen sich wohl in ihrem Saustall und grunzen zufrieden, wenn man ihnen reichlich Futter über die Ohren schüttet. Es liegt an den harten Bänken, liebe Kollegen, und dies gilt mir als Symbol unserer Zeit; diese Zeit! sie möchte auf weichem Polster sich dehnen und uns hart arbeiten sehen von ihrem Samtstuhl aus, sie regt kaum die Hände zum Applaus, denn sie hat ihren Sitz bezahlt. Ist das nicht Lohn genug, dass wir vom Trapez durch die Luft fliegen dürfen, meint das liebe Publikum, dass wir mit Löwen spielen, mit fünf scharfen Messern jonglieren, auf ungesattelten Pferden reiten dürfen? Spielen, spielen, rufen sie, gut gespielt, bravo, das Polster ist das Eintrittsgeld wert, und wir haben bar bezahlt. Aber unser Zelt deckt nur hölzerne Bänke. Wie Spiel soll es aussehen, lächelnd leicht, beglückend, befreiend – und ist verdammte Arbeit, zähe Übung, Selbstverleugnung ...»

«Wem sagst du das?»

«Euch sage ich das, dass ihr nicht verzweifelt den Kopf in der Schlinge trägt, weil dreimal der Hammer der Auktion geklungen hat; dass ihr nicht untreu werdet und Gelüste verspürt, aus dem allgemeinen Bautrog zu fressen und ungesalzenes Brot; denn wir sind das Salz, die Sänger und Dichter, Artisten und Künstler, wir sind die Sonne, die das Jammertal bewohnbar macht, wir, die Fahrenden und Heimatlosen, die die Erde für andere zur Heimat weihen; wir sind das Herz der Welt, die Blüten des Lebensbaumes, die Farbe, der Duft, die Musik und das Lachen. Einmal kommt Frost über die Blüten, das kann geschehen, ein Sturm zerzaust den Baum, Unglück und Dunkel regnet nieder. Gewisse Leute behaupten, die Sonne sei tot; meine Löwen frieren verwaist im nichtswürdigen Garten einer nichtswürdigen Stadt, im großen Zelt posaunt und betet von nun an die Heilsarmee, auf dem Trapez schaukeln Kinder, und die Pferde, unsere lieben, wohlgeschulten Pferde, ziehen den Milchwagen; es stürmt, es regnet noch, es regnet immer, aber was ist alles menschliche Wünschen und Schaffen gegen die Wucht, gegen die endlose Geduld und das Vertrauen, mit denen ein blühender Strauch durch den feuchten Nebel leuchtet, mit denen die Erle jedes verlorene Blatt ersetzt, die alte Kastanie gebrochenen Ästen drei neue nachtreibt, mit denen Bergsturz und verbrannte Wälder neu sich kleiden in junges Grün – das sag ich euch, Kameraden, dass ihr es als Beispiel erkürt, dass ihr nicht versinkt im allgemeinen Haufen. Ihr seid gewarnt! ruft der Haufen und ist stark in seiner Allgemeinheit. Wir pfeifen auf jegliche Warnung, wir werden sogar mit dem Unglück in einer nichtswürdigen Stadt fertig, wir werden den Pleitegeier dressieren zu einer neuen Nummer!»

«Bravo!» stammelte der Jongleur in einem Zirkus- und Allerweltsidiom, das alle verstanden, «mein Vater schenkte mir als Kind einen Lehrsatz – er musste es wissen, er setzte die Hinterbeine eines Stuhles mitten aufs Hohe Seil und sich darauf – er prägte mir ein, und ich sage es euch weiter: Ein guter Artist darf nie versagen!»

«Nein», sagte der Athlet, der sich ein Piano auf den Brustkasten zu stellen pflegte samt Virtuosen und Notenblatt, «nein, da unser Spiel aus Arbeit besteht, werden wir nicht versagen, wir werden keinem Heugabelstiel und Vorschlaghammer ausweichen, bis wir ein neues Engagement gefunden haben, denn wir sind Arbeit gewöhnt.»

«Nein», sagte der vom Trapez, «unser Griff nach der Fliegenden Stange ist viel zu sicher, kopfunten, kopfoben, wir geben nicht auf!

Man kann durch ein kleines Loch im Zaun
Weit in die herrlichste Landschaft schau'n,

dazu brauchts kein Fernrohr und keine Schwebebahn; keiner wird sich den Strick um den Hals schlingen wegen einer amusischen Stadt, die ihr Glück mit Füßen tritt – höchstens der Clown in einem neuen Trick», lachte der.

Und alle lachten mit, tranken ihr Glas aus und hatten genau so viel in der Tasche, um dieses Glas und vielleicht noch eins zu bezahlen, und der Clown stand auf: «Jawohl», sagte er mit einer komischen Handbewegung, und alle lachten noch fröhlicher.

«Jawohl, jetzt ist uns Zeit zugewiesen, neue Nummern einzustudieren», fuhr er fort, «Glanznummern, und dadurch werden wir nicht versimpeln, denn unsere Arbeit ist eine Arbeit, die müde macht, nicht leer und unzufrieden, diese Arbeit bedeutet Glück auch ohne Zuschauer, der Beifall bläht nur Engbrüstigen den Brustkorb, wir sind unserer Sache sicher, sonst brechen wir das Genick. Es geht die Sage, ein Clown sei eine tragische Gestalt, hinter meinen Späßen ragten die düsteren Zypressen der Melancholie, mein Unsinn wüchse im Mistbeet tiefernster Philosophie; so will ich euch denn ohne rote Nase und Mehlgesicht eine ernste, um nicht zu sagen traurige, eine traurige, um nicht zu sagen himmeltraurige, Abschiedsrede, um nicht zu sagen Predigt, eine himmeltraurige Abschiedspredigt predigen.»

Lachen, Applaus.

«Ruhe, die Predigt fängt an! Die Predigt ist eine Seligkeit für den, der redet, ein Schlafmittel für den, der zuhört; ein Schlafmittel sei sie für euern Kummer; nehmt die doppelte Dosis, dass sie sanft entschlafe, die magere Dame Kümmernis; erhebt das Haupt, ihr Sägmehlkünstler, seid heiter wie je zuvor, sonst kündige ich euch die Freundschaft als unbegreiflich öden Gesellen; kämpft mit mir in der Arena und daneben gegen Kopfhänger und Zweifler, denn ich verstehe das Misstrauen nicht dem

Glück und dem Glücklichen gegenüber, und ich bin ein Feind dieser Misstrauer. Man spricht von uns als einem vergnügten Völklein, wobei die Verkleinerungssilbe genug verrät über spöttisches Wohlwollen mit einem Schatten von Verachtung, danke schön, ganz meinerseits, die Verachtung! man spricht kopfschüttelnd von Oberflächlichkeit und Leichtsinn – lasst uns drum mit leichtem Sinn die Oberflächlichkeit dieses Urteils belachen, selbst ein bitteres Lachen steht uns besser als der frischgebügelte Zylinderhut des Leichenwagenkutschers. Dies sei unsre Stärke: mit dem Tod zu spielen und dabei zu lächeln!»

«In der Luft und am Boden: Saltomortale! nur so weiter!» riefen wir alle.

«Denn es ist leicht und leichter», fuhr er fort, «über Leid und Gram und Ehekonflikte zu jammern, allein und vor Zeugen, als darüber mit zusammengebissenen Zähnen zu scherzen, denn ach, es ist so angenehm und wollustvoll, sich unglücklich zu fühlen und davon waggonweise den Mitunglücklichen zu erzählen; schaut euch um, Bücher, Bühnen, Gassen, Treppenhäuser stehen voll von diesen Klageweibern im Scheinwerferlicht des allgemeinen Mitleids, die ihren Seelenmist abladen und felderweit die Klatschwiesen damit düngen; geteilter Schmerz ist halber Schmerz und lautes Leid ist doppelte Wonne. Mir klingen die Ohren ... Der Glückliche versinkt sacht in Stummheit und Schweigen, man hört ihn nicht und ahnt sein Dasein kaum, ein Lächeln macht keinen Lärm, das Glück blüht abseits der breiten Straße und steht keinem im Weg, duftet und strahlt und blüht, aber Blüten machen keinen Lärm. Das Leid indes weint laut und seufzt mit Tonverstärker, und der Chor singt mit, ein länderweiter Chor singt vier- bis achtstimmig das Lied von der guten alten Zeit, keiner verzieht frisch-fröhlich die Mundwinkel, ihr Kleinmut auf dem Gipfel der Konjunktur bedeutet ihnen Glück, denn sie sind nicht glücklich, wenn sie nicht jammern dürfen.

Aber dieses Glück meine ich nicht –

Große Geister streben nicht nach Glück, sagt der Philosoph; so lasst uns schmunzelnd kleine Geister sein!

Das Leben ist der Güter höchstes nicht, sagt Schiller; so lasst uns denn mit des Menschen zweithöchstem Gut zufrieden sein, lasst uns das Leben loben! Wir wollen bleiben, was wir sind, Gaukler und Poeten. Lasst uns wortlos denen den Rücken drehen, die eine vergnügte, lebendige Ordnung in der Kopierpresse breitquetschen zu sturer Pedanterie und sie zwischen Vorschriften und Verboten im Briefordner einordnen; denen, die Halfter und Gehege für die Jugend fabrizieren; die hinter Schaltern und Barrieren stehen mit einem Stempelkissen als Herz und kümmerlich bepflanztem Gehirn, und lasst uns lachen über jene, die vor dem Schalter stehen, die restliche Menge der Schwarzmaler und Linkshänder, die nie versucht haben, auf dem Kopf zu stehen, um die Welt und ihren Alltag aus einer anderen Perspektive zu betrachten. Ich bin der Spaßmacher, dem alles misslingt außer dem Lachen über sein eigenes Missgeschick; die Arena ist unsere Welt, die Welt sei unsere Arena – und wenn die Welt untergeht, will ich dabei sein und den letzten Purzelbaum schlagen: Wir haben's verdient, weil wir uns zu ernst nahmen!

Die zwölf Fanfaren an die geschminkten Lippen! Trara! rund um die Manege stampfen wir in Trikot und Pailletten, in Korkzieherhosen und Schmetterlingsflügeln, der Alte im Frack an der Spitze, die Ballettröckchen wippen, Duft von Raubtieratem und Sägemehl, das Orchester auf dem Podium blase den letzten Marsch: ‹Wir sind die Herren der Welt und die Könige auf dem Meer!› Trara, Trara, singt mit! das ist das Ende des Tages, wir tragen ihn zu Grab, das ist der Schluss der Vorstellung, Phönix stirbt, Phönix aufersteht – – –

Nun lasst uns still und leise auseinandergehen und ohne große Worte ganz menschlich und gewöhnlich das Leben lieben und lobpreisen …

Gute Nacht!» sagte der Clown.

Monolog über die kleinen Freuden

«Ihr könnt mich anstarren und mit fragenden Blicken zu den Gläsern greifen, so viel ihr wollt, nichts werdet ihr von mir erfahren. Wie ein stummes Femegericht hockt ihr da, ist ein Fremder vielleicht kein Mensch? Ihr wetzt die Ellbogen durch am Herbergstisch und unterstützt die Destillation von billigem Schnaps, darum merkt ihr kaum, dass ich euch heute etwas besseres einschenke; regt euch auf so viel ihr wollt, nennt mich so, wie es euch beliebt, was ist schließlich ein Name? Hier steht der Tisch auf einem grau und gräulichen Zementboden, und die Gläser wackeln, wenn ich darauf haue mit der Faust, pumm! das sind Realitäten, Tisch und Gläser und Faust; aber ein Name? Nennt mich wie ihr wollt, aber passen muss der neue Name; ein Name? ich blas ihn weg mit der ganzen Vergangenheit. Nennt mich Kümmerer, da ich mich um den größten Kummer eures farblosen Daseins kümmere, um euern bodenlosen Durst –, eine kannte ich, und ich nannte sie Colombina, obschon ich ihren Namen und alles drum herum vergessen möchte, vergessen habe, die ganze wacklige Welt von damals, die mich fliehen ließ in ein scheinbar neues Leben, dessen Fassade nach drei Tagen ebenso abbröckelte; seither bummle ich über Felder von Bauschutt und Putz und zerbrochenen Ziegeln und habe meine Freude an Trümmern und Ruinen, seien es Häuser oder Ideale oder Menschen wie ihr; trinkt Brüder, euch ist nicht zu helfen, denn man hat euch auf das falsche Geleise geschoben, ein Stumpengeleise mit massivem Prellbock – wenn ich nicht wäre, hättet ihr nicht einmal etwas in euern Gläsern! aber ich, passt auf! Ich habe eine Dame gekannt – Schwamm darüber – Ich bleche die Zeche dafür, dass ihr mir zuhört, wenn ich falsch singe und dumm rede; das ist mir lieber, in einer dunklen Schenke der erste zu sein, als in einem Jugendstilschloss der zweite, dabei hatte das Schloss weder Anteil an Jugend noch an Stil – die Dame schon eher, aber das habe ich vergessen, davon rede ich nicht. Bildung hatte sie, jene Dame, die ich vergessen habe – trinkt Brüder – und da fällt mir jener Mann ein, wenn wir schon von Bildung reden; jener Bursche, der ein Gespräch spannend gestaltete, indem er vieles wusste und darüber berichten konnte. Er erzählte von Kodros, der letzten Königin von Athen; er wusste, wann die Schlacht bei Kollin war, was ein Klüverbaum, Kariokinese ist; er konnte reden über das Knallgebläse der Bleilöter, wusste Bescheid über Kleintierzucht, über die Tracht der Karmeliter – da lacht ihr, das ist ein besonderer Liter, sage ich euch – er hatte sämtliche ungewisse Daten aus Leonardos Leben im Kopf, sagte Linaria vulgaris statt Leinkraut, Krammetsvogel statt Drossel, verwendete Fremdwörter wie Kosmozoenhypothese, Liviratsehe, Konvivum – hahaha, solange ich noch sagen kann Kosmozoenhypothese, so lang darf ich weiter trinken. Wenn man ihn fragte, jenen Vielwisser, wie er zu solchen Kenntnissen gekommen sei, so antwortete er, bei einem Antiquar habe er einen Lexikonband erstanden, sehr billig, 894 Seiten für zwei Scheibchen Silber. Leider war es der Band ‹Kanadabalsam bis Luckenwald›, und er bedauerte sehr, dass kein Supplementband vorrätig gewesen sei, denn dann hätte er von A bis Z etwas gewusst, und seine Bildung wäre alphabetisch nicht so einseitig gewesen. Er nannte das Bildung und steht wohl nicht allein damit, auch ihr staunt über solches Wissen, ich aber gehe darüber weg. Mir kann nicht einmal eine richtig und von Grund auf gebildete Dame vom Schloss Bewunderung entlocken, denn ich will nicht mehr an sie denken. Eine Milliarde mannbarer Weiber wimmeln auf der Erde herum, und in diesem Meer kann einer ersaufen, wenn er die einzig richtige finden will. Habe ich recht? Ich habe recht, denn ich rede von meinen Erfahrungen und zeuge von meinen Niederlagen, denn meine Menschenfreundlichkeit hat mich stets genarrt – eine von den Millionen Röcken ließ mich einst über meine Ehrlichkeit straucheln, dadurch, dass ich ihre freundliche Gestalt vor einem Platzregen schützte, indem ich ihr einen eleganten Schirm, der scheinbar herrenlos und einsam an der Wand lehnte, verehrte. So einer bin ich, ich habe daraus einen närrischen Beruf gemacht, wenn er nur mehr einbrächte als schadenfrohes Gelächter und auch hin und wieder Prügel. Aber ich beklage mich nicht, und da wir gerade von Verhaften reden, kann ich meinen bescheidenen Beitrag liefern. Möchtet ihr Polizisten sein? Kann einer von euch sich vorstellen, als Gendarm herumzulaufen? An euern entsetzten Gesichtern kann ich die Antwort ablesen. – Was denn, zum Henker, wenn keiner von euch einen ganzen Abend lang redet, werde ich es für euch tun, denn ich habe einiges getrunken – aber ich trinke nicht mehr, keinen Tropfen – Prost! Aber die haben mehr im Kopfe als nur ein Vakuum, diese Ordnungsmänner und

Bluthunde, jawohl, die können ins Innere meiner Gehirnkapsel sehen, und da schauts manchmal bedenklich nach 1791 und Jakobinermütze aus; wenn einer zum Beispiel jetzt hereinkäme mit den breiten grünen Streifen an den Hosen, weil noch Licht brennt in der Kneipe, dann würde er euch übersehen als gewohnheitsmäßige Rumhocker und Sonnenbrüder, aber mich würde er ausfragen, nach den Papieren fragen und nochmal fragen – natürlich bin ich fremd hier, und jedes fremde Gesicht ist auffällig und verdächtig, aber ich bin überall fremd, denn nach dieser Seite hat nun mal mein Lebensbaum Äste getrieben, seit mir in jenem Schloss – nein, reden wir nicht davon, wir sind alle aus dem Paradies vertrieben, es kommt darauf an, wie wir es hinnehmen und ertragen. Also von der Polizei wollte ich erzählen. In jenem Land der Ordnung, das heißt, sie hatten gerade eine von andern abgetragene und weggelegte Ordnung entdeckt und verwendeten sie nun entschlusskräftig als modischen Überwurf und glänzenden Anstrich, hängten sie an jeden freien Nagel und schmierten deren Loblied mit großen Buchstaben auf die Mauern neben dem Bild des Groß-Khan von Karakorum, dem Herrscher über diese aufgefrischte Ordnung. In diesem Lande lief ich mit der Laterne herum, um Menschen zu suchen. Drei Kasten von Sbirren drängten sich in den Gassen, in die Wohnungen, Badekabinen und Vorstadtkino, solche mit Säbeln, solche mit Knüppeln, die mit roten Passepoils, die mit grünen Hütchen und die mit schwarzen ... ihr wisst schon. Durch dieses Land fuhr ich, widerspenstige Ideen im Kopf und ohne Fahrkarte in der Tasche; ich hatte deshalb ein etwas unangenehmes Gefühl, als im überfüllten Abteil die Vertreter von Obrigkeit und Massenzucht mich als einzigen herausfischten. Sagt, Brüder, grenzt das nicht an Hellseherei, unter sechsunddreißig sitzenden und neun stehenden Marktfahrern und Reisenden mich ins Auge zu fassen, wiewohl ich dasaß, gleich den andern, hemdärmlig, den Rock auf den Knien? Zuerst die Grünen, dann die Schwarzen, die winkten mir aufzustehen, hielten einen Schreibblock hin und baten mich, meinen Namen darauf zu schreiben. Vielleicht machten sie eine Umfrage über den Bildungsgrad der Passagiere: Konnte ich schreiben, so war ein Analphabet weniger im Zug! Man kann nie wissen, Enqueten und Statistik stehen hoch im Kurs in derartigen Imperien, wo die erschreckenden Tatsachen versteckt werden hinter dem genormten, stolz plakatierten Durchschnitt. Ich weigerte mich, zog den Pass heraus und tippte mit dem Finger auf meinen Namen. Kopfschütteln, energisches Wiederholen der Aufforderung; ich schrieb mit Schwung auf das amtliche Notizpapier und unterzeichnete damit einen Blankocheck über meine landläufige Ehrlichkeit. Sie zogen sich zur Beratung zurück, zwei Schwarze, zwei Grüne und der Schaffner, der die Achseln zuckte und mir einen Blick schenkte, der hieß, ich kann nichts dafür, die Eisenbahn gehört nicht mehr mir, von mir aus fahr wohin du willst, auch ohne Billett. Aber es handelte sich nicht um meine Schwarzfahrerei und solche Bagatellen – ihr werdet's schon gemerkt haben – nein, es grenzte an Tyrannenmord! Die Uniformierten kehrten zurück. Jetzt musste ich ein K schreiben, den Anfangsbuchstaben K, zweimal, dreimal, fünfmal, dann zogen sie wieder in jenes Abteil, das man für gewöhnlich etwas verlegen nur allein besucht. Als sie nach einer Weile zurückkamen, schritten sie zu meiner Verhaftung; auf dem festen Lande hätte das einen prächtigen Umzug gegeben: zwei martialische Schwarze an der Spitze, meine Wenigkeit zwischen zwei Landjägern im Zweispitz, dann die Grünen mit der Hand an der Revolvertasche, gefolgt von dem traurigen entthronten Zugführer und hinterher die gestikulierende Volksmenge, die schrie: an die Laterne! Doch hier bot der enge Schauplatz auf Rädern wenig Raum zu dramatischer Prachtentfaltung, wie der Regent sie liebte. Die Mitreisenden regten sich auf, schrien, übertönten das Rollen der Räder, traten geschlossen auf meine Seite, und ehe die bedrängten und eingeengten Schützer der Weltordnung die Waffen zogen und die Passagiere mit und ohne Fahrschein wahllos erschossen, gaben sie endlich die Quelle des Schattens, der auf mich fiel, preis: In jenem Ort in der Mitte des Waggons, der während des Aufenthalts in einem Bahnhof nicht benützt werden darf und der von nun ab verriegelt und versiegelt blieb mit einer Wache davor – denn das Bedürfnis des Staates geht über das dringende Bedürfnis des Einzelnen – was fanden sie dort? Ihr denkt wohl eine Höllenmaschine oder gar ein geheimes Waffenlager für eine Kompanie Partisanen? Mit finsterer Miene wurde uns mitgeteilt: ‹Dieses Individuum, ein Ausländer natürlich, schrieb an die Wand jener Stätte der Hygiene erheblich hässliche Worte über unsern Khan; Groß-Khan von Karakorum; die Schriftprobe beweist es ...›. Das Auditorium jubelte nicht einhellig: ‹Hoch lebe unser Groß-Khan!›, sondern brüllte wild durcheinander, drohend mit Stimmaufwand und Fäusten bis kurz an die Grenze der tätlichen Rebellion: Ich hätte bei Gott und allen Heiligen keine Gelegenheit gehabt, weder Großes noch Kleines zu verrichten, noch Tisch und Wände zu beschmieren, da ich meinen Platz, eingeklemmt zwischen Gaetano und Pierino, nie verlassen hätte. Pierino und Gaetano schworen zusätzlich einen wuchtigen Eid, sodass die uniformierten Graphologen geschlagen in geschlossener Formation das Schlachtfeld verlassen mussten. Tüchtige Leute, muss man sagen. Sie haben den Übeltäter nicht erwischt, aber den aufrührerischen Sprengstoff in mir haben sie gespürt; feinfühlige Leute, diese Gendarmen, ich habe noch andere Beispiele ... He, lauft nicht weg, Brüder! ich kann einen andern Kuchen zuschneiden, wenn euch die Geschichten rund um den Gummiknüppel Herzangst machen. Einer, zwei, drei sind noch da von den wackeren Zechern, ich weiß, dass ihr nur bleibt, weil ich bezahle und die Gelegenheit nicht wiederkehrt, denn morgen bin ich nüchtern und geizig und fange vorne an; heute leg ich's hin in blanker Münze, ehrlich verdient heute als Zimmermann! Ob ihr's glaubt oder nicht, aber das ist ein Gewerbe, bei dem man nicht ein paar Nägel einschlägt und denkt, es wird schon halten; Nut und Zapfen ineinandergefügt wie gewaschen, es hält nach dreihundert Jahren noch, wenn's nicht abgebrannt ist. Holz her! mit der Stoßaxt die Pfetten geglättet, drei Beilschläge auf den Firstbalken, so hab' ich's gelernt, so hab' ich schwindelfrei euern Abendtrunk verdient, der nächste Dachstuhl bitte! Wo man Hilfe braucht, da bin ich, ich verstehe allerhand, falls einer fehlt in der Front, gleich dem Meister Hämmerli wie er im Schulbuch steht: Er stand gesellschaftlich nicht sehr hoch, hatte sich lange keinen neuen Hut angeschafft und blieb deshalb am Sonntag in seinen vier Wänden, aber, und deshalb war ihm sein Name angeflogen, er trug stets einen Hammer in der Tasche und einige Stifte, auch Draht vielleicht und ein Ende Schnur. Er konnte es nicht sehen, wenn ein Gartentor schief in den Angeln hing, er klopfte es ins Blei, er konnte an keinem Staketenzaun entlanggehen ohne eine fehlenden Nagel einzuschlagen, überhaupt, alles was krumm war und lotterte und klapperte, wurde von ihm gerade gehängt und geklopft und gehämmert im Vorbeigehen. Er schubste die Steine beiseite auf der Straße, dass keiner stolpere. Man lachte ihn aus, Dank fiel keiner für ihn ab – – – so einer bin ich; Meister Hämmerli, das wäre ein Name, auf den seid ihr nicht gekommen, aber ihr sagt ja überhaupt nichts und hört kaum zu, ihr füllt euch nur den Magensack mit diesem Rebengift, in diesem Fall kann ich auch anders zu euch reden, als ob ihr verständiger wäret und einige Kornfelder unter der Schädeldecke hättet, wo jetzt nur Brachland sich dehnt – – – Nun denn, ich meine das mit dem hilfreichen Hammer in der Tasche auf einer höheren Ebene angewandt. Das ist keine Philosophie, dazu reicht's auch bei mir nicht! Es hat sich so ergeben, man hat mich aus der Bahn gestoßen und siehe da, auf den Nebenwegen ging's sich viel angenehmer; man hat stacheligen Samen auf meinen Acker geweht und voilà, auch Unkraut kann herrliche Blüten treiben. Passt auf, denn heute muss ich reden und ins Klare kommen, denn wer nicht zweifelt, kann auch keinen Zweifel überwinden! Kleine Freuden verschenkt Meister Hämmerli, auch mal einen Abendtrunk – unser trunkener Abend dehnt sich bis in die tiefe Nacht. – Ich bin ein bisschen urweltlich und fange unten an zu bauen, ich sage: kleine Freuden. Habt ihr die Verheißungen gelesen auf den Wahlplakaten, große Worte, hoher Fortschritt und ein Badezimmer in jeder Hütte? Da werden Dachziegel und Regenrinnen bestellt, ehe man sich über den Platz für die Fundamente geeinigt hat. Nun lege ich sie auf die Waagschalen, rechts die großen Worte, links die kleinen Freuden, und das Ende vom Schwanken und Wiegen und Wägen zeitigt den Orakelspruch: Gebs auf zu richten und wägen und wiegen, die Menschen sind verschieden. Ich gab es auf – da wir nun allein sind, du und ich, ist es etwas leichter zu sprechen als zu einer bunten Menge, du verstehst vielleicht etwas mehr, wenn ich mich nicht täusche, du hast klare Augen, wenn ich mich nicht täusche, auf alle Fälle gab ich's auf, ich sagte zu mir – ich sagte es laut und deutlich, dass die Tauben hochflatterten vom Dachsims meiner Dachkammer –: du wirst nie in glücklicher Mischung den Rebellen hinter dem wackeren Bürger zu verstecken verstehen – – – Hast du gesagt, ich rede drumherum? so will ich absonderlich deutlich werden! Nichts hast du gesagt? aber ich weiß, was du denkst! Gut gut, sei beleidigt und geh, geh nur und lass mich allein, vernünftige Leute legen sich jetzt schlafen, die kleinen Bausteine meinst du? Ich werde die kleinen Bausteine vor dich hinlegen nummeriert und sortiert, die kleinen Freuden, aus denen wir unsere Hütte fügen wollen, ich werde! Geh jetzt, gute Nacht, ich werde nicht verzweifeln, auch wenn ich allein bin und nur noch der Herbergsvater in der Ecke aussichtslos gegen den Schlaf kämpft, alleinsein und Zeit haben, damit brauchen wir nicht zu sparen und bekommen stets neue geliefert, Zeit, neu und ungebraucht in bester Qualität in alle Ewigkeit – lass gut sein, Vater, Pennenvater, Bienenvater, ich werde weiter Menschenfreund bleiben und weggehen; wer Ruhe verdient hat, soll Ruhe serviert bekommen auf silberner Schüssel mit zarten jungen Haricots verts garniert – ein Gläschen noch, Herr Krug und Herr Wirt, denn wie bin ich heute abend hier eingetreten? Verzweifelt! In der süßen Verzweiflung der lyrischen Dichter. Und wie ist mir jetzt zumute? Wie in den Flitterwochen damals mit Colombina! Hör zu, Herr Krüger, Herr Gläser, im Andenken an sie, an jene Freudenspenderin, bin ich eine Weile herumgelaufen als ungeschriebener anonymer Brief. Weißt du, was ein Kümmerer ist? Wenn du nickst und boshaft grinst, dann kommt's aus der falschen Schublade; nein, das ist ein namenloser Engel dritter Klasse ohne flammendes Schwert, einer, der mit andern die Sorgen teilt und den Kummer halbiert, siehst du, ein Meister Hämmerli, wer hat mich denn vorhin unterbrochen bei diesem wichtigen Thema? Denn zu lieben, das ist sein Beruf, wenn du mich richtig verstehst, Herr Glas und Herr Krug, was ich sage, gilt nicht dir, denn du bist ein schlafender Wein- und Branntwein-Ausschenker, was ich sage stirbt nicht, auch wenn's niemand hört, was ich sage, schwebt von einem zum andern und löscht euren Spott über mich ... was denn? ein glücklicher Glücksbringer, ein aus einem Traum und vielen Träumen Gestiegener ... was denn? ist es denn möglich, jedem liebedurstigen Backfisch und jeder sehnsuchtsvollen Jungfer einen sanften bis feurigen Kuss zu geben und über die Haare zu streichen als Versprechen und Vorschuss, als Trost und Verheißung? Ja, da sind wir wieder und endlich bei Eva, Julia und Beatrice, und leise gesagt: Colombina – jawohl, sachlich jetzt und gute Haltung – stammt von der Firma Eros, Amor & Co – so kam ich auf die vergnügte schiefe Bahn – lasst mich zufrieden, ich bin schläfrig – Gläser weg – – Platz da für die Ellbogen – – ich will schlafen. Ich brauche kein Kissen, ich brauch kein Nachthemd, ich brauch ein bisschen Liebe –

Einsam sitz ich hier beim Weine ...
wer hat das gedichtet?
Und ich bin so ganz alleine ...»

Stellenkommentar

S. 8, *Adam im Paradies bei Mark Twain:* Vgl. in der deutschen Ausgabe von Mark Twain: Tagebuch von Adam und Eva, übers. v. Elisabeth Bach. Zürich: Sanssouci Verlag 1953, S. 13: «Glücklich überstanden!» So lautet Adams Tagebucheintrag am zweiten Sonntag nach seiner Schöpfung. Am darauffolgenden Montag hält er ferner die Erkenntnis fest: «Ich begreife allmählich, wozu die Woche erschaffen wurde: Sie gibt einem Gelegenheit, sich von der Sonntagslangeweile zu erholen.» (ebd.)

S. 9, *Am Sonntag und in den Ferien zog der Vater mit uns über Land:* Vgl. die ähnliche Schilderung in Jakob Flach: Ein Bursche namens Ibrahim. Roman. Bern: Edition Hans Erpf 1990, S. 39 ff.

S. 12, *Dieser Rucksack [...] ist mein lebenslänglicher Begleiter:* In seinem Fahrtenbuch von 1913 schildert Jakob Flach jedoch das jähe Ende eines (anderen?) Rucksacks: «Nekrolog. Als wir am Ostermontag von Alp Äugsten ins Tal hinabzogen, passierte das Unglück. Auf dem weichen Neuschnee wanden wir uns im Zickzack, unter Lebensgefahr abwärts. Immer wieder rutschte man aus, kam ins Gleiten und hatte Mühe wieder aufzustehen. Endlich kamen wir an einen schönen weiss glitzernden Abhang, der geradezu nach einer sausenden Abfahrt rief. Die mutigsten setzten sich hintereinander in den Schnee, und sofort rasten wir auch schon den Abhang hinunter. Immer schneller gings, wir kamen auseinander, ich raste als mächtiger Schneepflug voran, bis an den Hals in der weichen Masse, die sich mächtig vor und neben mir auftürmte. Schon drohte mir[,] in einen Wald hineinzurasen und hier mit Schnelligkeit in Schönheit zu Grunde zu gehen, als mit einem plötzlichen Ruck die Lawine zum Stehen kam und mir Augen, Ohren und Mund mit Schnee füllten. In Ruhe konnte ich nun zusehen wie meine Kumpanen mit verzerrten Gesichtern in den Schnee kugelten und dann die verstreuten Sachen, Stöcke, Flöte etc zusammen suchten.
Und hier, hier ging mein Rucksack, der mich so oft begleitet hatte, der treue Freund in Stücken. Das gelbgraubraune, ursprünglich grasgrüne Segeltuch war in Fetzen, grinsend schaute das Eingeweide heraus, von

Schnee durchnässt, tropfend ging er aus dem Kampfe hervor, Ruhe seiner Asche!» (SLA-FLACH-C-01-a/02)

S. 12, *«Carpe diem», sagte Horaz, «pflücke den Tag»:* So lautet die Schlusszeile von Horaz' Ode An Leukonoë, die dazu auffordert, die kurz bemessene Lebenszeit richtig zu geniessen. Der Ausspruch wird deshalb oft auch mit «Genieße den Tag» übersetzt. Er steht in einer epikureischen Denktradition, die ein lustbetontes Dasein als höchstes aller Glücksgüter versteht, wobei dies bei Epikur keineswegs hedonistisch, sondern untrennbar mit einer tugendhaften Gesinnung verstanden wird: «Es ist nicht möglich, lustvoll zu leben, ohne einsichtsvoll, vollkommen und gerecht zu leben» (Epikur: Briefe, Sprüche, Werkfragmente, übers. u. hrsg. von Hans-Wolfgang Krautz. Stuttgart 1980, S. 67 [SV 5]). Flach schliesst sich dieser Auffassung mit seiner Kunst des Spazierengehens im weitesten Sinne an, da er sie ebenfalls als Kunst der unbeschwerten Lebensführung versteht.

S. 15, *Mit vier Jahren:* Vgl. Jakob Flach: Das Wandern im Wandervogel. In: Fritz Baumann: Der Schweizer Wandervogel. Das Bild einer Jugendbewegung, hrsg. vom Schweizerischen Alt-Wandervogelbund und dem Effingerkreis. Aarau 1966, S. 183–192, hier S. 183: «[D]as Reisen lag mir im Blut: mit vier Jahren zog ich zu Hause aus, marschierte, eine grüne Botanisierbüchse umgehängt, auf den Bahnhof, kletterte in einen Bahnwagen, schaute aus dem Fenster und rief: ‹Abfahren!› Der Kondukteur mußte den ganzen Jahresvorrat an Geduld anwenden, um mir klarzumachen, daß mit einer gefundenen, schon durchlöcherten Fahrkarte keine Reise nach Tripsdrill möglich sei.»

S. 16, *RES SACRA MISER:* «Die Sorge für die Armen ist eine heilige Pflicht», Inschrift oberhalb der Haupteingangstür des ehemaligen Armenspitals am Neumarkt in Winterthur.

S. 19, *Camicia Rossa:* Lied der Garibaldisten, der Freischärler im Dienst des italienischen Freiheitskämpfers Giuseppe Garibaldi (1807–1882), die aufgrund ihrer Kleidung auch Rothemden (Camicia Rossa) genannt wurden. Die zitierte Strophe lautet übersetzt: «Als ich in

Milazzo Sergant geworden bin / mit rotem Hemd, mit brennendem Hemd».

S. 21, *«wir sind Briganten, aber ehrlich»:* Vgl. die gleichnamige, ebenfalls in Sizilien spielende Erzählung von Jakob Flach: Vita Vagorum. Kleine Erlebnisse am Saume Europas. Frauenfeld: Huber 1945, S. 40–47, dort S. 40: «In Cefalù meinte der Wirt, als er uns für die Kammer ohne Fenster so und so viel Lire abknöpfte, zur Rechtfertigung: ‹Sí, siamo briganti, ma siamo onesti›, wodurch meine Auffassung von Ehrlichkeit einige Änderungen erfahren mußte.» Unter Brigant (abgeleitet von ital. *brigare* für ‹kämpfen›, ‹streiten›) wird ein gesetzloser Gauner verstanden, der aus einem moralischen Ehrgefühl heraus die Reichen schröpft. Historisch geht das Brigantentum auf rebellische Truppen und anarchistische Protestbewegungen im Risorgimento zurück, die sich aus verelendeten Bauern und Tagelöhnern rekrutierte.

S. 24, *‹Königin der Inseln›:* Goethe bezeichnet in seiner *Italienischen Reise* (1816/17) Sizilien als «Königin der Inseln», was seither von der Tourismusbranche vielfach aufgegriffen wurde. Vgl. Johann Wolfgang von Goethe: Werke. Hamburger Ausgabe, hrsg. v. Erich Trunz. 13., durchges. Aufl. München 1994, Bd. 11, S. 231 (Eintrag vom 3. April 1787).

S. 32, *Eichendorfflied:* Joseph von Eichendorff schuf nicht nur zahlreiche spätromantische Wanderlieder, sondern mit dem Roman *Aus dem Leben eines Taugenichts* auch ein Hohelied auf das *dolce far niente* und die freie, ungebundene Wanderschaft, die in zahlreichen Versen besungen wird. Vgl. Christel Lauerbach: Das Motiv der Wanderschaft in der Dichtung Joseph von Eichendorffs. Freiburg i. Br. 1957.

S. 37, *Wasserburg:* Gemeint ist die «Molino del Brumo», die von Jakob Flach bewohnte Wassermühle zwischen Arcegno und Ronco sopra Ascona im Tessin (s. die Abb. 11 im Nachwort zu dieser Ausgabe).

S. 45: *O Lieb, o Liebe!:* Das Motto entstammt Goethes Gedicht *Maifest* (entstanden vermutlich im Mai 1771, erstmals 1775 in Jacobis Zeitschrift

Iris abgedruckt). Vgl. Johann Wolfgang von Goethe: Werke. Hamburger Ausgabe, hrsg. v. Erich Trunz. 13., durchges. Aufl. München 1994, Bd. 1, S. 30f.

S. 45, *sie säen nicht und sie ernten nicht:* Bezieht sich auf die Bibel-Verse in Matthäus 6:26, wo die Verhaltensweise der Vögel als Beispiel eines sorglosen Lebens angeführt wird, das sich nicht zuletzt auch die Bewegung der Wandervögel zum Vorbild genommen hat. In seiner ganzen Länge besitzt dieser Bibelvers somit eine gewisse Schlüsselsymbolik für Jakob Flachs Lebensphilosophie, wie sie in vorliegenden Prosastücken entfaltet wird, weshalb er hier ausführlich zitiert sei: «Darum sage ich euch: Sorget nicht für euer Leben, was ihr essen und trinken werdet, auch nicht für euren Leib, was ihr anziehen werdet. Ist nicht das Leben mehr denn Speise? und der Leib mehr denn die Kleidung? Sehet die Vögel unter dem Himmel an: sie säen nicht, sie ernten nicht, sie sammeln nicht in die Scheunen; und euer himmlischer Vater nährt sie doch. Seid ihr denn nicht viel mehr denn sie?»

S. 50, *wir wollen sie alle lieben:* Vgl. «das allgemeine Traktat über die Liebe» in Jakob Flach: Ein Bursche namens Ibrahim. Roman, hrsg. v. André Imer. Bern: Edition Hans Erpf 1990, S. 182–190.

S. 79, *bist du sehr zornig, dann fluche:* So lautet ein Eintrag aus «Knallkopf Wilsons Kalender» im Roman von Mark Twain: Knallkopf Wilson, übers. v. Reinhild Böhnke. Zürich: Manesse 2010 [Original 1894, dt. EA 1923], S. 109. Jakob Flach dürfte diesen Roman nicht zufällig an dieser Stelle zitieren, steht mit dem Protagonisten David Wilson doch eine Figur mit mehreren ausgefallenen Hobbies oder Steckenpferden im Zentrum, wozu auch eine Sammlung von Alltagsweisheiten gehört, aus welcher der zitierte Ratschlag stammt.

S. 84, *sämtliche Ausgaben des Tristram Shandy:* Auch die Erwähnung von Laurence Sternes humoristischen Antiroman erfolgt hier kaum zufällig. Darin wird lang und breit über Sinn und Unsinn von Steckenpferden (engl. *hobby horses*) räsoniert. Vgl. Laurence Sterne: Tristram Shandy. Auf Grund der Übertragung von Johann Joachim Bode neu hrsg. v. Fritz Güttinger. Zürich: Manesse 1948, S. 136: «Wenn sich ein Mensch einer herrschenden Leidenschaft überläßt oder, mit anderen Worten, wenn sein Steckenpferd hartmäulig wird, so, ade kalte Vernunft und liebe Klugheit!»

S. 84, *Puppenspiel:* Vgl. Jakob Flach: Loblied auf ein Steckenpferd (verfasst 1947):
«Ein Steckenpferd ist eine Beschäftigung, die trotz aller Besessenheit nicht in Arbeit ausartet, die trotz aller Intensität kein Geld einbringt und dennoch mehr Glück und Lustgefühle blühen lässt, als man sich für wohlbezahlte Arbeit kaufen kann.
Es braucht heute keine Rechtfertigung mehr, wenn man der liebenswerten Kunst des Puppenspiels huldigt und um Freunde wirbt für ein Steckenpferd, das in dunkler Zeit zum Herzen spricht und warme Helligkeit verbreitet; es braucht keine Entschuldigung mehr, denn um uns aktive Puppenspieler und Steckenreiter sammelt sich eine ständig grösser werdende Gemeinde von passiven Pferdeliebhabern und die weitverbreitete Ansicht verblasst, Marionetten könnten nur Kinder und primitive Gemüter ergötzen. Sicher, es gibt nichts Herzerfreuenderes, als mitten in einer Schar Kinder dem bunten Agieren der Puppen zuzusehen. Grösser aber noch ist die Wirkung auf den Erwachsenen, hier kann er aus einer harten zerrissenen Gegenwart, die bitteren, unverständlichen Gesetzen gehorcht, fliehen in eine seelenvollere, harmonische Welt, in die zeitlose Welt der Phantasie und der glückseligen Wünsche.
Über die Liebe, die Goethe für die Marionetten hegte, und der er Zeit seines Lebens treu geblieben ist, brauchen wir nicht zu reden, das ist bekannt. Kerner, Schwind, Brentano, die Romantiker überhaupt waren begeisterte Freunde; Voltaire und George Sand hatten ihr eigenes Marionetten-Theater; Dickens, Stevenson, Heinrich von Kleist, Anatole France schrieben begeisterte Liebeserklärungen an die Marionetten, Haydn komponierte einige Opern für unsere kleine Bühne, wir sind also mit unserem Steckenpferd in guter Gesellschaft; aber ist es nicht sonderbar, dass das Puppenspiel heute, im Zeitalter der Sensationen mit Kino, Radio und Illustrierten, neu aufersteht, und besonders in der Stadt mit ihren verwöhnten, kritischen, skeptischen und blasierten Kostgängern nicht nur bestehen kann, sondern als friedlicher, losgelöst

im Blauen schwebender Ruhepunkt einen Ausgleich schafft zur nerventötenden Hast und Geschäftigkeit des Zeitgenossen?» (SLA-FLACH A-03-a-04)

S. 66, *Insel mit der berühmten Grotte:* Gemeint ist die Insel Capri mit der blauen Grotte im Golf von Neapel, der Stadt, die den Schauplatz der Erzählung bildet. Der in Neapel geborene Opernsänger Enrico Caruso wird zudem im Text erwähnt.

S. 89, *Satz Carl Spittelers:* So lautet der übermütige Aufruf von Prometheus zu Epimetheus in der Einleitung von Carl Spittelers metrisiertem Jugend-Epos *Prometheus und Epimetheus* (1881). Vgl. Carl Spitteler: Prometheus-Dichtungen. In: Gesammelte Werke, hrsg. v. Gottfried Bohnenblust, Wilhelm Altweg, Robert Faesi. Zürich: Artemis 1945, Bd. 1, S. 5. Der Aufruf wurde zu einer Art Losung in der Wandervogelbewegung. Der mit Jakob Flach durch die gemeinsame Wandervogelzeit befreundete Fritz Baumann schreibt rückblickend: «Einer zitierte vor jedem Sprung ins Abenteuer den Satz von Spitteler: ‹Auf, laßt uns anders werden als die vielen, die da wimmeln in dem allgemeinen Haufen!› Der Drang nach Freiheit bildete das Fundament und den steten Antrieb unseres Wanderns.» (Fritz Baumann: Der Schweizer Wandervogel. Das Bild einer Jugendbewegung. Aarau 1966, S. 184; vgl. auch Jakob Flach, in: Zürcher Schrifttum der Gegenwart. Zürich 1961, S. 41–43, hier S. 42)

S. 94, *Große Geister streben nicht nach Glück, sagt der Philosoph:* Jakob Flach spielt hier verkürzt auf Aristoteles' Begründung in der *Nikomachischen Ethik* (1179a) an, dass verbissenes Streben nach Glück, insbesondere auch nach materiellen Glücksgütern, nicht das oberste Lebensziel sein dürfe, da sich das Glück mit einer tugendhaften Lebensführung von allein einstelle. Ähnlich argumentiert auch Seneca in *De vita beata* (dt. Vom glücklichen Leben).

S. 94, *Das Leben ist der Güter höchstes nicht, sagt Schiller:* So lautet der erste der beiden Schlussverse von Friedrich Schillers Trauerspiel *Die Braut von Messina* (1803), der zweite schliesst mit: «der Übel größtes aber ist die Schuld». Siehe Friedrich Schiller. In: Werke in drei Bänden, hrsg. v. Herbert G. Göpfert. München 1966, Bd. 3, S. 552.

S. 95, ‹Wir sind die Herren der Welt und die Könige auf dem Meer!›: Refrain des Seeräuber-Liedes *Der mächtigste König im Luftrevier*, das den U-Boot-Fahrern des ersten Weltkrieges zugeschrieben wird, hier aber fern vom militärischen Kontext als Ausdruck eines von allen irdischen Zwängen befreiten Artistendaseins Verwendung findet.

S. 97, *Colombina*: Kosename (Verkleinerung von ital. *colomba* für ‹Taube›) und Figur aus der Commedia dell'arte bzw. dem Marionettentheater, Geliebte des Arlecchino. Der Erzähler gibt sich damit indirekt als Clown zu erkennen, als Personifikation der höheren Vernunft im Narrenkleid.

S. 99, *Sbirren*: Abschätzige Bezeichnung (ital. *spirri* bedeutet ‹Spitzel›) für Polizisten; ursprünglich bis ins 19. Jahrhundert verwendet für militärisch organisierte Gerichtsdiener, Häscher und Schergen. Als Verstärkungsstreifen ihrer Uniform dienten Passepoil oder auch Paspel genannte farbige Nähte.

4 WEITERE BÜCHER IM SELBEN FORMAT

An der Tafel des Trimalchio. Antike Rezepte.
Von M. und G. Faltner . . . . DM 5.–

Fahrrad-Büchlein
Von E. Sommer . . . . DM 3.50

Die anmutige Kunst, Blumen zu ordnen
Von P. M. Urtel . . . . DM 5.–

Die Kunst, Pfeife zu rauchen
Von J. Verdaguer . . . . DM 4.50

Alle Bändchen zu beziehen durch die Buchhandlung:

*Das Buch vom Reisen
v. J. Flach.*

HEIMERANS
QUERFORMAT-REIHE

Abb. 1

Editorische Notiz

Vorliegende Edition versteht sich als Leseausgabe ohne Anspruch auf eine textkritische Darstellung. Abgesehen vom Zielformat, legitimiert sich dieses Verfahren durch die Materiallage, von der kaum bahnbrechende philologische Aufschlüsse zu erwarten sind. Der Edition liegt ein fast druckfertiges Konvolut aus Jakob Flachs Nachlass im Schweizerischen Literaturarchiv zugrunde, datiert auf den 10. Februar 1961 (Signatur: SLA-FLACH-A-1-g-3). Zu Lebzeiten des Autors konnte diese für den Ernst Heimeran Verlag in München vorgesehene Textsammlung nicht mehr erscheinen. Grund für die Verzögerung waren einerseits Schwierigkeiten der Vermarktung, zumal Flach selbst konstatierte, dass er kaum in die «Querformat-Familien-Reihe» (Abb. 1) des Verlags passe (Brief vom 16. April 1961). Andererseits fiel mitten in die Verhandlungen auch die Schliessung von Flachs Marionettentheater, was für ihn einen «Eingriff in [s]eine Lebensbahn» bedeutete, den er nur «schwer überwinden» konnte (Brief vom 11. Juli 1961). So brach der Kontakt zum Verlag schliesslich ab und wurde nicht wieder aufgenommen.

Die vorliegende Auswahl und Anordnung der Prosastücke stammen vom Autor selber, wie sie zuletzt auch dem Heimeran Verlag vorgelegen haben (Abb. 2), mit Ausnahme des *Monologs über die kleinen Freuden*, der vom Herausgeber aufgrund der thematischen Verwandtschaft mit der vorliegenden Ausgabe gruppiert wurde. Soweit ermittelt werden konnte, sind einige Texte zuvor, teilweise mit geringfügigen Modifikationen, an folgenden entlegenen Publikationsorten erschienen:

– *Spaziergang im Herbstnebel*: Zuerst gesendet unter dem Titel *Ein Wanderer erzählt vom Jura* im Radio Beromünster am 29. Oktober 1951.

– *Spaziergang dem Mai entlang*: Zuerst erschienen unter dem Titel *Ungereimtes Maienlied* in Annabelle Jg. 7, Nr. 75 (1944), S. 16, 17–19 und 54. Leicht verändert wieder abgedruckt als «das allgemeine Traktat über die Liebe» in Jakob Flach: *Ein Bursche namens Ibrahim*. Roman. Bern: Edition Hans Erpf, 1990, S. 182–191.

– *Die Herren der Welt*: 1967 als Privatdruck o. O. erschienen. Es handelt sich um eine Passage aus dem postum erschienenen Roman *Ein Bursche namens Ibrahim* (siehe oben), S. 126–133.

Bei den Textvorlagen zu *Von der Kunst des Spazierengehens* handelt es sich um Typoskripte mit geringfügigen handschriftlichen Korrekturen, die allesamt berücksichtigt worden sind. In Zweifelsfällen wurden die oben aufgelisteten Erstdrucke vergleichend zu Rate gezogen. Weitere Korrekturen, wie die Bereinigung von offensichtlichen Fehlern, wurden stillschweigend vorgenommen. Wo weiterhin erlaubt, wurde die alte Schreibweise des Autors bevorzugt und der Text nur behutsam an die heutige Orthografie angepasst, dazu gehört auch die Anpassung der im Typoskript getrennt geschriebenen Umlaute (Ae, Ue, Oe). Lediglich die eigenwillige Interpunktionsweise des Autors mit seiner Vorliebe für Semikola und Parataxen wurde aus prosodischen Gründen beibehalten. Beim *Monolog über die kleinen Freuden* liegt der vom Autor stark gekürzte Erstdruck in der Anthologie *Blühender Zweig* (1964) vor; alle Streichungen wurden für diese Ausgabe getreu umgesetzt. Der Text entspricht daher einer Fassung letzter Hand.

Editorische Erläuterungen wurden so knapp wie möglich gehalten und auf die Aufführung allgemein lexikografischen Wissens im Kommentarteil verzichtet. Kommentiert wurden lediglich biografische oder intertextuelle Schlüsselstellen mit einem erkennbaren Bezug zur Textthematik. Wie in den zu Lebzeiten publizierten Prosasammlungen jeweils üblich, ist auch diese mit Zeichnungen des Autors illustriert. Die Wahl und Zuordnung ist indes nicht autorisiert, sondern vom Herausgeber im Rückgriff auf passende Vorlagen aus Jakob Flachs Reisetagebüchern vorgenommen worden. Somit konnte immerhin dessen ausdrückliche «Bedingung» respektiert werden, dass Richard «Seewald das Buch *nicht* illustriert» (Brief vom 16. Oktober 1960).

Schliesslich war es ein gezielter Entscheid, einer Edition aus dem Nachlass den Vorzug vor einer Neuausgabe bereits vorhandener Bücher zu geben, da diese, wenngleich vergriffen, auf dem Antiquariatsmarkt leicht erschwinglich sind. Zudem versammelt die *Kunst des Spazierengehens* alle zentralen Themen, denen sich Flach literarisch zugewandt hat: das Puppenspiel, kulinarische Streifzüge (*Minestra*), Liebesabenteuer (*Brautfahrt ohne Ende*), Vagantenleben (*Vita Vagorum*). Der vorliegende Band liest sich somit gleichsam als Flach-Anthologie mit Kostproben verstreuter Stücke. Das sah offenbar auch die Mitarbeiterin Ilse Sommer im Heimeran Verlag, die Jakob Flach überhaupt zur Idee

Molino del Brumo 22. Dezember 1960
Arcegno

Ernst Heimeran Verlag München

Sehr geehrtes Fräulein Sommer,
ich will Ihnen, bevor Sie das letzte Kalenderblatt abreissen, schnell und flüchtig einen Rechenschaftsbericht übermitteln. Sechs Kapitel sind geschrieben - ich möchte Ihnen aber erst das Ganze abliefern, wenn der Rest auch sitzt. Der Gesamttitel wäre
Die Kunst Spazieren zu gehen (mit oder ohne Komma!) oder
Die Kunst Spazierenzugehen (??) und der Schwanz teilt sich in folgende Kapitel, deren Reihenfolge noch nicht ganz fest steht.
1. Spaziergang am Sonntag (fertiggeschrieben) Vor jedem Kapitel erscheint eingerückt oder in Kursiv ein Vorspruch oder Merkspruch oder Denkspruch.
2. Die Reise nach Milazzo in welchem Kapitel einige versteckte Ratschläge gegeben werden. (fertig)
3. Gang durch den Herbstnebel (fertig)
4. Kulinarische Promenade rund ums Mittelmeer (fertig)
5. Spaziergang dem Mai entlang (welches Kapitel Sie besitzen) Der Vorspruch dazu wäre nur kurz: O Lieb', o Liebe! Goethe
6. Lob der kleinen Freuden (oder Reise in beglückende Gefilde) das verschiedene Steckenpferde behandeln wird.
7. Regenlied (oder Gang im Regen)
8. Lob der Bescheidenheit (oder Entdeckungsfahrten rund ums Haus) Abendspaziergang - Gang durch den Garten am Morgen - Bummel durch die Stadt bei Nacht - Spaziergang ohne Ziel - Ausflug auf der Landkarte -
9. Die Herren der Welt (fertig) Behandelt die Lebensberechtigung des Aussenseiters.

Sollten Ihnen noch Ergänzungskapitel am Herz liegen, so schlagen Sie vor. Ich werde auf ungefähr 80 - 90 Seiten kommen.
Damit wünsche ich Ihnen gute Feiertage - hier ist scheussliches Wetter - und ein gutes Neues Jahr!

Abb. 2

eines Büchleins übers Spazierengehen anregte: «Dieses Thema birgt ja unendlich viel an kleinen und großen Freuden, es kann ins Philosophische gehen, es kann das Sammeln, das Singen, das Essen, das Trinken beschreiben usw. usw.» (Brief vom 6. April 1960).

Ohne das bereitwillige Einverständnis des Nachlassverwalters André Imer sowie den Entscheid des Herausgebergremiums der *Schweizer Texte*, Jakob Flach in ihre Reihe aufzunehmen, hätte vorliegende Ausgabe nicht in dieser Form erscheinen können. Corinna Jäger-Trees danke ich speziell für die kritische Durchsicht, Daniele Cuffaro für die Prüfung der italienischen Ausdrücke und Phrasen. Die in Jakob Flachs erweitertem Nachlass dokumentierten Recherchen zu Leben und Werk von André Imer erleichterten in manchen Fällen die eigene Arbeit erheblich. Ihm ist überhaupt zu verdanken, dass der Nachlass ins Schweizerische Literaturarchiv (SLA) nach Bern gelangte. Fabian Scherler vom Fotoatelier der Schweizerischen Nationalbibliothek sorgte für die Abbildungen der Dokumente aus Flachs Nachlass. Ihnen allen, und nicht zuletzt auch Hans-Rudolf Wiedmer und seiner Crew im Chronos Verlag, namentlich Walter Bossard, gebührt deshalb ein grosser Dank.

Ein besonderer Dank geht schliesslich an Kathrin Frey, die sich vortrefflich auf die Kunst des Spazierengehens versteht.

Bohemiens Rhapsodie

Zu Jakob Flach und seiner Kunst des Spazierengehens

Nachwort von Magnus Wieland

Philosophie: kein möglicher Beruf.
Ebensowenig Spaziergängerei.
Kurt Marti

Mit dieser Ausgabe von Jakob Flachs *Kunst des Spazierengehens* wird ein fast gänzlich vergessener Autor neu aufgelegt und ins kulturelle Gedächtnis der literarischen Schweiz zurückgerufen. Zu Lebzeiten hingegen war Jakob Flach nicht nur als Erzähler kurzweiliger Reiseanekdoten und Schelmengeschichtlein bekannt, wie sie in den Bänden *Minestra* (1937), *Vita Vagorum* (1945) und *Brautfahrt ohne Ende* (1959) gesammelt erschienen sind, sondern vor allem als Spiritus Rector des Marionettentheaters in Ascona (Abb. 1), das er 1937 gemeinsam mit befreundeten Künstlern gründete, über zwanzig Jahre lang leitete und dem er mit viel Leidenschaft und Engagement zu internationalem Erfolg verhalf. Flach war ein Tausendsassa. Er waltete nicht bloss als Direktor, sondern wirkte auch als Maler, Sprecher, Sänger und Beleuchter tatkräftig mit. Er führte nach eigenen Angaben in ungefähr siebzig Stücken Regie, von denen er über die Hälfte selbst verfasst hat, und dirigierte die holzgeschnitzten Puppen, die zu Dutzenden ebenfalls aus eigener Hand stammen (Abb. 2).[1] Heute würde man wohl von einem Allroundtalent sprechen – ein Ausdruck aber, der dem Autor kaum behagt haben dürfte. Angemessener könnte man Köbi, wie er sich selber gerne nannte, deshalb als eine Art Gesamtkunstwerkler bezeichnen. Für sein immenses Lebenswerk erhielt Jakob Flach 1959 eine Ehrengabe des Zürcher Regierungsrates sowie vom

---

[1] Vgl. Jakob Flach: Lebenslauf eines Puppenspielers, Typoskript (Kopie), dat. 10. Dezember 1977, S. 3 f. In: Nachlass Jakob Flach, SLA-FLACH-E-1-D-2/25.

Winterthurer Stadtrat und 1969 am Kongress der Union internationale de la marionette die Ehrenmitgliedschaft zugesprochen.

Selbstverständlich betrieb Flach das Marionettentheater aber nicht im Alleingang und schon gar nicht als Impresario, denn wie er im vorliegenden Prosastück *Ritt in beglückende Gefilde* schreibt, lebt das Puppenspiel gerade von der Kollektivität, indem der Einzelne zum «Teilchen eines Ensembles von Enthusiasten» verschmilzt und am «gemeinsame[n] Werk einer namenlosen Gemeinschaft ohne persönlichen Ehrgeiz teilhat» (S. 85).[2] In entsprechender Vielzahl waren diverse Künstler und Autoren am kreativen Spiel beteiligt, darunter bekannte Namen wie Jakob Bührer, Richard Seewald, Richard B. Matzig, die Maler Fritz Paul und Ignaz Epper sowie dessen Frau, die Bildhauerin Mischa Epper, die Komponisten Leo Kok und zeitweise Rolf Liebermann sowie der Architekt Werner Jakob Müller. Selbst der heute weltberühmte Clown Dimitri verdiente als junger Knabe seine Sporen in Jakob Flachs Asconaer Marionettentheater, kurz bevor es im Jahr 1961 endgültig seine Pforten schloss.[3]

Jakob Flach hat seine artistische Vielseitigkeit und seine Inklination zum Puppenspiel rückblickend einmal wie folgt begründet:

> Vom Studium der Natur kam ich zum Zeichnen und Malen, von da zum Schreiben, aus Briefen und Tagebüchern wurden schließlich gedruckte Bücher. Unterwegs trieb ich viele Berufe, um Unterhalt und Reisegeld zu verdienen: Anstreicher, Maurer und Zimmermann, Kindermädchen und Hauslehrer, Telephonmonteur, Gärtner und Holzhauer und dergleichen mehr, einige Beispiele sind in meinen Büchern versteckt. Zum Schluß habe ich alles Gelernte und Erlebte in einem Beruf zusammengefasst und mir als Schöpfer im Kleinen eine eigene Welt zusammengebastelt: das Marionettentheater Ascona. Hier kann sich meine Vielseitigkeit austoben: ich kann schnitzen, malen, Stücke schreiben, schreinern, mich mit Elektrisch herumschlagen, Rollen sprechen, singen, musizieren, Regie führen und was weiß ich alles – und bei einem Ensemble von zehn bis fünfzehn Köpfen Menschenkenntnis und Psychologie üben.[4]

---

2 Zitate, die sich auf die vorliegende Ausgabe beziehen, werden parenthetisch im Haupttext nachgewiesen.

3 Diese versunkene Ära Asconas ist mit zahlreichen Abbildungen in der wunderschönen, aber leider nur in kleiner Auflage erschienenen Publikation *Das Marionettentheater von Ascona 1937–1960. Eine Hommage an Jakob Flach und seine Künstlerfreundinnen und -freunde* (Porzio Verlag, 2014) von Niklaus Starck dokumentiert.

4 Jakob Flach in: Zürcher Schrifttum der Gegenwart. Autoren des Zürcher Schriftsteller-Vereins und ihre Werke. Zürich: Orell Füssli 1961, S. 41–43, hier S. 42.

Abb. 1: Jakob Flachs Marionettentheater in Ascona.

Abb. 2: Jakob Flach beim Schnitzen einer Marionette.

Und dann folgt ein Satz, der als Lebensmotto für die hier edierten Prosatexte nachgerade programmatischen Charakter besitzt:

> Der Sinn unseres Marionettentheaters wie meiner ganzen Arbeit als Schriftsteller ist das Beleuchten der heiteren Seite des Daseins; um die dunkeln Nöte und die Unvollkommenheit des Lebens weiß jeder, darüber wird uns berichtet bis zum Überdruss, Ungemach und Zeitkrankheit müssen wir ertragen, wird uns aber mit einem frohgemuten Satz eine Brücke gebaut, so ist alles leichter zu tragen.[5]

Mit diesem Grundakkord klingen bereits die ersten Zeilen aus der *Kunst des Spazierengehens* an: die Kritik an Kulturpessimismus, Larmoyanz und selbstgefälligem Trübsinn, stattdessen das Plädoyer für die ‹kleinen Freuden› als Antidot gegen die vielfachen Widrigkeiten, die dem Menschen das Leben schwer machen. «Lob der kleinen Freuden» war anfänglich als Titel vorliegender Textsammlung vom Autor vorgesehen.[6]

Die genuine Lebensfreude nimmt man Jakob Flach durchaus ab, der sich auch von biografischer Seite als sonniges Gemüt präsentiert. Geboren am Ostermontag, den 26. März 1894, sagt er von sich selbst, er sei «wenn kein Sonntagskind so wenigstens ein Festtagswesen».[7] Und da kann es fast kein Zufall mehr sein, dass der kleine Jakob im Hinterhaus *Zur Sonne* an der Marktgasse in Winterthur aufgewachsen ist. Die Front- und gleichsam die strengere Kehrseite des heiteren Elternhauses bildete indes das Konsumhaus, das sein Vater von 1898 bis 1933 als Verwalter des Konsumvereins führte. Der Vater Flach (1867–1952), ebenfalls auf den Namen Jakob getauft, stammt ursprünglich aus einfachen bäuerlichen Verhältnissen, arbeitet sich aber nach einer Buchdruckerlehre zu einem angesehenen Mitglied der Gesellschaft empor. Wenige Jahre nach der Geburt seines gleichnamigen Sohnes tritt er in die sozialdemokratische Partei ein, amtiert von 1897 bis 1913 im Grossen Stadtrat von Winterthur und wird 1902 sogar in den Zürcher Kantonsrat gewählt.[8] Entsprechend geniesst Jakob Flach der Ältere eine hohe Reputation und beweist sich zudem als erfolgreicher Geschäftsmann, der den Konsumverein zu einem

---

5 Ebd.
6 Jakob Flach an Heimeran Verlag, 23. März 1960, SLA-FLACH-B-1-HEIM.
7 Jakob Flach in: Zürcher Schrifttum der Gegenwart. Autoren des Zürcher Schriftsteller-Vereins und ihre Werke. Zürich: Orell Füssli, 1961, S. 41–43, hier S. 41.
8 Markus Bürgi: Jakob Flach. In: Historisches Lexikon der Schweiz, Bd. 4. Basel 2005, S. 545.

florierenden Unternehmen macht. Verständlich, dass er für seinen Sohn eine ähnliche Karriere vorsieht und bei dessen Erziehung schon von Kindsbeinen an Gewicht auf bürgerliche Werte und eine gute Schulbildung legt. Es wird gerade dieses gutbürgerliche Klima des Elternhauses sein, dem der junge Flach zeitlebens entfliehen will, indem er sich für eine radikale Gegenexistenz in der Künstlerboheme entscheidet, die eine freie Lebensführung über alles Ansehen und alle materiellen Güter stellt.

Eher widerwillig absolviert Flach deshalb das schulische Obligatorium: von 1900 bis 1906 die Primarschule in Winterthur, dann von 1906 bis 1909 die Sekundarschule und schliesslich von 1909 bis 1912 die Industrieschule, wie damals die Kantonsschule hiess. Nach der Matura entschliesst sich Flach zu einem Studium der Naturwissenschaften an der Eidgenössischen Technischen Hochschule Zürich, hauptsächlich Botanik und Geologie, was in vorliegender Ausgabe in den Aufreihung floraler Fachterminologie einen späten Widerhall findet (S. 59). Seinen Tagebüchern ist zu entnehmen, dass er dem Stillsitzen in der Schulstube wenig Sinn abgewinnen konnte und den Unterricht des Öfteren mit dem Aufenthalt in der freien Natur vertauschte. 1917 gibt er das – durch den Aktivdienst während des Ersten Weltkriegs ohnehin unterbrochene – Studium endgültig auf. Dem Vater zuliebe schliesst er an der Hochschule in Zürich noch das Primarlehrerpatent ab, das er der Anekdote nach aber demonstrativ an einen Baum genagelt hat – in einem symbolischen Akt des definitiven Bruchs mit der bürgerlichen Existenz.[9]

Ein Auszug aus Jakob Flachs Tagebuch mag verdeutlichen, in welchem Prokrustesbett der verzweifelte junge Bursche steckte und wie sehr es ihn danach drängte, aus den gesellschaftlichen Zwängen auszubrechen:

> Andern Leuten schreib ich fröhlich zu sein und ich kanns selbst nicht – Und wenn's ein Leben gibt, ich will es leben, vor ich alt bin – Jetzt soll ich Schulmeister werden, wenn ich nur ein Kind schon sehe mit der Tafel auf der Strasse so überläuft es mich kalt – das Beispiel vor sich sehen zu müssen das einem fortwährend zuruft, so bist auch du in einigen Jahren, so wirst du, langsam ohne es zu merken! – Gebt mir meine Wildnis wieder!

---

9 André Imer: Zeittafel. Ansätze zu einer Biographie. Im erweiterten Nachlass von Jakob Flach, SLA-FLACH-E-02-f/4.

Frechheit steh mir bei!
oh es gibt noch Berge, Bäume, Blumen und Wasser –
Ich will einfach leben wie ich will, und wenn ich dabei nichts bin – für andere,
ganz gewöhnliche Menschen – aber es geht los –[10]

Eine Ausflucht aus den beengenden bürgerlichen Verhältnissen eröffnet Jakob Flach schon früh die Wandervogel-Bewegung, die damals hoch im Schwange war. In ihr verbanden sich Naturverbundenheit mit den neoromantischen Idealen des walzenden Gesellentums: «Die Wandervogelbewegung bedeutete das Ausbrechen aus starren, verhärteten Überlieferungen der damaligen Gesellschaft.»[11] Um die Jahrhundertwende in Deutschland gegründet, schwappt die burschikose Wanderlust rasch in die Schweiz über, wo der Bund schon bald zahlreiche Ortsgruppen zählt, so auch in Winterthur die Ortsgruppe Hohwacht, der Jakob Flach angehört (Abb. 3).[12] In Ansätzen präsentierte sich der Wandervogel als «revolutionäre Befreiungsbewegung»,[13] grundiert von lebensreformerischen Idealen und einer von Nietzsche inspirierten Philosophie. Die Jugend wollte das Wandern in der freien Natur als Ausdruck einer antibürgerlichen, gegen den altmodischen Zwang gerichteten Lebenshaltung für sich zurückgewinnen. Im Wandervogel konstituierte sich somit ein «Freundeskreis strebender, ringender Menschen»,[14] die in Zarathustra-Gefühlen und jugendlichem Rebellionsgeist schwelgten. Nicht von ungefähr nannte Jakob Flach seine Ortsgruppe den «Verein des Bürgerschrecks» und verstand das Wandern prinzipiell als Befreiung «von jeglicher ‹Obrigkeit›, Schule, Eltern, Lehrmeister».[15] Verständlich, dass die bürgerlichen «Eiferer und Geiferer»,[16] wie Flach sie polemisch nennt, sich beunruhigt über das bunte Treiben der Wandervögel zeigten und sich in ihrer biederen Moral an den unbeaufsichtigten Fahrten, den

---

10 Aus Tagebuch Nr. 13, Eintrag vom 22. Januar 1918, SLA-FLACH-C-01-a/13.
11 Fritz Baumann: Der Schweizer Wandervogel. Das Bild einer Jugendbewegung, hg. vom Schweizerischen Alt-Wandervogelbund und dem Effingerkreis. Aarau 1966, S. 7. Siehe auch Johann-Günther König: Zu Fuß. Eine Geschichte des Gehens. Stuttgart 2013, S. 210–217.
12 Fritz Baumann, a. a. O., S. 164.
13 Ebd., S. 18.
14 Ebd.
15 Jakob Flach: Das Wandern im Wandervogel. In: Der Schweizer Wandervogel. Das Bild einer Jugendbewegung, hg. vom Schweizerischen Alt-Wandervogelbund und dem Effingerkreis. Aarau 1966, S. 183–192, hier S. 184 und 185.
16 Ebd., S. 188.

Abb. 3: Jakob Flach mit Zylinder inmitten von Wandervögeln.

Abb. 4: Jakob Flach mit Geige im Kreise von Wandervogel-Mädchen.

tagelangen Aufenthalten und Übernachtungen im Freien, insbesondere auch in gemischten Gruppen mit Frauen, störten.

Dies war jedoch das prägende Umfeld, in dem Jakob Flach sozialisiert und auch erotisiert wurde. Seine Tagebücher quellen über vor Sehnsucht nach den «Mädeln» (Abb. 4). Der Geist des Wandervogels kam seinem romantischen Naturell ebenso entgegen wie er seine spätere Lebensphilosophie nachhaltig prägte, die in der vorliegenden Prosasammlung unter der Chiffre des Spazierengehens figuriert. Es liegt auf der Hand, dass es sich bei diesem Spaziergänger weniger um einen Flaneur handelt, der durch die Strassen streift und sich an den Schockmomenten der Grossstadt berauscht.[17] Nicht die Metropole, sondern die reine und unberührte Natur, die Abgeschiedenheit und Zivilisationsferne bilden den Erfahrungshorizont von Flachs Spaziergängerei, die in dieser Hinsicht viel mit Henry David Thoreau gemeinsam hat, der neben seinem Erfahrungsbericht *Walden* (1854) als Einsiedler in der Wildnis von Massachusetts seinerseits einen Essay über die *Art of Walking* (1861) verfasst hat. Wie für Flach so war auch für Thoreau die Existenzweise des Vagabunden und dessen Fähigkeit, «ohne eigenes Zuhause, aber überall gleichermassen zu Hause» zu sein, das eigentliche «Geheimnis des erfolgreichen Gehens».[18] Angesicht der Rastlosigkeit seines Wanderlebens und der Ortslosigkeit als Weltenfahrer ist Flach weniger als flanierender Dandy denn im Wortsinn als Bohemien anzusprechen, leitet sich der Begriff doch von den ursprünglich aus Böhmen (frz. *Bohême*) stammenden Zigeunern ab und wurde, bevor er zur Bezeichnung antiaristokratischer Künstlereliten wurde, insbesondere für fahrende Volksgruppen verwendet.

Bald schon sollte der wandernde Bohemien Flach (Abb. 5) aber auch mit der Künstlerboheme in Kontakt kommen. Als er während der Grenzbesetzung im Ersten Weltkrieg ins Tessin abkommandiert wird, gelangt er dort erstmals in die Nähe von avantgardistischen Künstlerkreisen rund um das Haus Neugeborn in Locarno-Monti, einer Pension, in der unter anderen die Gebrüder Gräser, Franziska von Reventlow, Emmy

---

17 Zu diesem Phänotyp siehe Eckhardt Köhn: Straßenrausch. Flanerie und kleine Form. Versuch zur Literaturgeschichte des Flaneurs bis 1933. Berlin 1989.
18 Aurel Schmidt: Gehen. Der glücklichste Mensch auf Erden. Frauenfeld, Stuttgart, Wien 2007, S. 221.

Abb. 5: Der «Bohemien» Flach.

Hennings, Iwan und Claire Goll, der Dramatiker Reinhard Goering, der Dichter Klabund und der Philosoph Ernst Bloch verkehrten.[19] Zu Hilde Neugeborn, der Tochter der Wirtin und selber auch Wandervogel-Mädchen, entwickelten sich starke Gefühle, die mit ein Grund gewesen sein dürften, weshalb es Flach fast magisch ins Tessin zog (Abb. 6). Das landschaftliche und kulturelle Klima rund um Ascona elektrisierten ihn so stark, dass er sich nach erfolgtem Wehrdienst dazu entschloss, gemeinsam mit zwei Freunden in Moscia eine Kommune zu gründen, das «Königreich Moscia», samt einer «Gartenbaugenossenschaft zur fröhlichen Knallerbse auf kommunistischer Grundlage»,[20] um so ein freies Leben als Selbstversorger zu führen. In dieser Zeit lernt er auch Hermann Hesse kennen, den er wie so viele seiner Altersgenossen überaus verehrte (Abb. 7). Die Lektüre des Romans *Knulp* war jedenfalls ein einschneidendes Erlebnis, das im jungen Jakob die Vagantenlust weckte. Im Entwurf eines Briefes an das «geliebte Schwesterlein» schreibt Flach:

---

19 André Imer: Zeittafel. Ansätze zu einer Biographie, SLA-FLACH-E-02-f/4, S. 2.
20 Jakob Flach: Tagebuch Nr. 27, April 1920, SLA-FLACH-C-01-a/27.

Abb. 6: Jakob Flach liegend in der Wiese neben Hilde Neugeborn (rechts), im Hintergrund der «Winkel», wie er die Villa Neugeborn nannte.

Kürzlich habe ich ein Buch gelesen von Hermann Hesse (ich habe gedacht der Kerl hat in dich hinein gesehen). Ein Landstreicher vagiert durch die Welt, allein oft nachdenkend und philosophierend, landaus landein [...] und schliesslich findet man ihn erfroren im Schnee, niemand kennt ihn, niemand liebte ihn. Wenn du mal nichts mehr häl[t]st von deinem Köbi, dann fährt er durch die Lande mit struppigem Bart und gefurchter Stirne, die Hände in den Hosentaschen.[21]

Schon bald legt sich Jakob Flach in der Tat einen solchen «ungepflegten Prophetenbart»[22] zu (Abb. 8) und bereist die weite Welt. Das Fernweh zieht ihn, oft alleine, ohne Plan und mit wenig Geld in der Börse, in aller Herren Länder. Unterwegs schlägt er sich mit Gelegenheitsjobs durch und lebt von der Hand in den Mund. Die 1920er- und 1930er-Jahre sind seine intensivste Reisezeit. Sie führt ihn vom hohen Norden, von Schweden, Dänemark und der Ostsee, in den Süden nach Frankreich, immer wieder nach Italien und Spanien und bis hinab nach Afrika, Ägypten, Palästina, Libanon, Rhodos, Smyrna und Konstantinopel. In Paris, wo sich Flach mehrmals längere Zeit aufhält, entdeckt er die moderne Malerei, den Kubismus und den Expressionismus, die er beide auch erprobt (Abb. 9). Ver-

---

21 Brief vom 16. Dezember 1915, SLA-FLACH- C-01-a/07.
22 Jakob Flach: Brautfahrt ohne Ende. Frauenfeld 1959, S. 47.

Abb. 7: Brief von Jakob Flach aus dem Militärdienst an den verehrten Hermann Hesse:
«Lieber Hermann Hesse!
Bitte, bitte schenken Sie mir ihr kleines Märchenbuch für die Gefangenen! Ich bin schon eine Weile wieder im Dienst und aus dem täglichen Kampf des mit Waffen behängten Äussern mit dem Innersten möchte ich mich flüchten in eine andere Welt, zu den Märchen, wo man für Stunden wenigstens sein und denken kann wie man ist. Lieb ist mir das Buch besonders, weil Sie uns Iris vorgelesen haben. Im Winkel, im Lehnstuhl beim roten Lampenlicht. –»

Abb. 8: Vom Schuljungen ...
... zum Landstreicher mit Prophetenbart.

Abb. 9: Hommage an Picasso. Zeichnung aus Jakob Flachs Reisetagebuch.

Abb. 10: Positano. Fotografie aus Jakob Flachs Reisetagebuch.

mischt mit der Wandervogel-Philosophie, führen diese Erfahrungen der künstlerischen Moderne zu jenem eigentümlichen Stil, der Jakob Flachs schriftstellerisches wie bildnerisches Werk auszeichnet, das merkwürdig zwischen Naturburschentum und avantgardistischen Anleihen oszilliert. Im Kreise der Aussteiger- und Künstlerkommune in Positano (Abb. 10) an der Amalfi-Küste, wo Flach sich 1920 und 1921 geraume Zeit aufhält, lange bevor der Ort zum Mekka von Hippies und Touristen wurde, verstärkt sich diese Amalgamierung von Avantgardismus und alternativer Lebensweise noch weiter. Rückblickend schreibt Jakob Flach über diese Erfahrung: «Da verlebte ich 1920/21 wohl mein verrücktestes Jahr unter Malern und Schreibern.»[23] Zu ihnen gehörten Theodor Däubler und Klabund, den Flach bereits vom Tessin her kannte. In expressionistischen Zügen hält er die Erinnerung an die gemeinsame Zeit fest:

> Unser Glück war Verschenken, Verschwenden, Vollkommenes hinzustreuen aus schöpferischem Überfluß ohne Lohn und Dank, ohne Gewinn und Termin ... Kollektivität und Vielseitigkeit ließen uns mit freudigem Schauern das Leben

---

23 Jakob Flach an André Imer, Brief vom 15. November 1977, SLA-FLACH-B-01-IMER.

melken bis zum letzten Tropfen [...]. Die Maler führten dramatische Gespräche, beginnend mit einem zu malenden mystischen Licht, endigend mit einer metaphysischen Leiter zum Himmel. Der Musiker kam mit einem Bündel Vierteltöne unterm Arm, stolperte über den Namen Strawinsky und dirigierte ein fingiertes Orchester. Der Dichter, in sich selbst zusammensinkend, rief, während er einer neuen Morphiumspritze entgegenzitterte: Amoral, Rausch und Ehebruch seien hier naturbedingt.[24]

Nach der Rückkehr aus Positano betätigt sich Jakob Flach als Hausverwalter in der Villa von Emil Ludwig in Moscia bei Ascona wie auch als Privatlehrer von Martin Hesse, dem jüngsten Sohn von Hermann Hesse. Ausserdem nimmt er rege am kulturellen Leben in Ascona teil, das dank der – massgeblich durch Marianne von Werefkin geförderten – Eröffnung des Museo comunale seine hohe Zeit erlebt. Inspiriert durch das künstlerische Ambiente, widmet sich Flach vermehrt der Malerei, die zwischen expressionistischen sowie kubistischen Ansätzen und

---

24 Jakob Flach: Vita Vagorum. Kleine Erlebnisse am Saume Europas. Frauenfeld 1945, S. 73 und 76.

Abb. 11: Die «Molino del Brumo», ab 1925 Jakob Flachs Wohnort im Tessin.

konventioneller Landschaftsmalerei changiert. In dieser Zeit soll ein erstes Theaterstück mit Marionetten namens *Turandot* entstanden sein, «das den ganzen Surrealismus vorwegnahm», heute aber verschollen ist.[25] Der mittlerweile Dreissigjährige lässt sich nun definitiv im Tessin nieder und bezieht die Molino del Brumo (Abb. 11), eine ausgediente Mühle auf dem Weg von Arcegno nach Ronco, in der zuvor bereits Friedrich Glauser und Richard Seewald hausten. Diese Mühle, die Jakob Flach mit Hilfe seines Vaters 1934 käuflich erwerben kann, wird über lange Zeit seine Wohnstatt bleiben. Dazwischen unternimmt er

25 André Imer: Zeittafel. Ansätze zu einer Biographie, SLA-FLACH-E-02-f/4, S. 4.

Abb. 12: «Wanderer, Landstreicher, Vagabund». Collage aus Jakob Flachs Reisetagebuch.

immer wieder ausgedehnte Reisen «am Saume Europas». So lautet der Untertitel seiner Prosasammlung *Vita Vagorum*, der ursprünglich noch «am Rande Europas» hiess. Doch trifft die Vokabel «Saum» die Sache besser, verweist sie doch auf die säumige Lebenshaltung des Vaganten.

Das Image eines «Wanderers mit dem unruhigen Herzen»[26] hängt ihm seither an (Abb. 12). Als Replik auf den Nachruf in der *Neuen Zürcher Zeitung* erinnert Eric Streiff daran: «Er war ein unermüdlicher Wanderer, der nie erlahmte und der, wenn er zu Hause weilte, in seinem

---

26 Alfred A. Häsler: Jakob Flach – Wanderer durch die Zeiten, in: Weltwoche Magazin, Nr. 44, 1. November 1978, S. 73 f., hier S. 74.

Wald das Holz zusammentrug, das er in den Kaminen im selbst erbauten Haus wie im Molino verfeuerte. Bis kurz vor seinem Tod stieg er täglich vom Wohnhaus zur Mühle hinauf, mühsam auf den Stock gestützt, den ihm sein Jugendfreund Walter Hugelshofer einst geschenkt hatte.»[27] Und wenn es nach Flach selber geht, so behauptet sich die Wanderlust noch über den Tod hinaus:

> Wir können nicht sterben, wir Wanderer; auch wenn wir ruhen, sind wir nicht tot. Das Herz geht, das Wasser rauscht, Mäuse laufen, Holz knistert im Feuer, wir schreiben singende Sätze von blühendem Ginster, wir warten und erzählen inzwischen von Palmen und Segeln, von Herden und Städten und den großen Straßen. Unser Wanderblut hat sich nicht beruhigt, wir warten und glauben – Die Zukunft ohne Grenzen ist unser –[28]

Das Wander- und Vagantenblut mag ewig wallen, doch wie steht es um die literarische Unsterblichkeit? Die Schweiz besitzt ein schlechtes Gedächtnis für ihre literarischen Aussenseiter und Sonderlinge, das ist schon in manchem Nachwort über vergessene Autoren bemerkt worden.[29] Jakob Flach traf die helvetische Furie des Verschwindens besonders heftig. Die von André Imer initiierte Werkausgabe blieb im ersten Band stecken. Und nicht einmal in den einschlägigen Anthologien, die den eher ignorierten Literaten dieses Landes gewidmet sind, taucht sein Name auf – oder dann nur sehr marginal.[30]

Diese Geringschätzung herrschte nicht immer vor. In seinem Aufsatz über die *Literatur der deutschen Schweiz von heute* aus dem Jahr 1949 erkennt Albert Bettex in Flach einen Vertreter der «Bohème», eine «Stimme des Außenseiters, dem alles Abseitige, Ungewöhnliche, Abenteuerliche urverwandt» sei, und rückt ihn fast im selben Atemzug

---

27 Eric Streiff: Jakob Flach. In: Neue Zürcher Zeitung, Nr. 238, 13. Oktober 1982, S. 40.
28 Jakob Flach: Vita Vagorum. Kleine Erlebnisse am Saume Europas. Frauenfeld 1945, S. 8. Dem blühenden Ginster singt Jakob Flach auch im vorliegenden Band ein Loblieb, im Kapitel *Spaziergang dem Mai entlang* (S. 45–50).
29 Peter Hamm: Ein Abhandengekommener. In: Walter Gross: Botschaften. Gesammelte Werke, hg. von Peter Hamm unter Mitarbeit von Erwin Künzli. Zürich 2005, S. 332–355, hier S. 332: «Ist es ein Schweizer Phänomen oder ein allgemeines, kann es sein, dass in der Schweiz Schriftsteller besonders rasch abgeschrieben und dem Vergessen überantwortet werden?»
30 Immerhin ist Jakob Flach in der von Charles Linsmayer betreuten Reihe *Frühling der Gegenwart* mit einer kurzen, knapp dreiseitigen Erzählung *Valencia* vertreten, die 1927 in der Zeitschrift *Annalen* (Oktober, Nr. 11) erschienen war und später in den Erzählband *Vita Vagorum* (1945) aufgenommen wurde.

in die Nähe von Robert Walser, Annemarie Schwarzenbach und Friedrich Glauser.[31] Und auch André Imer weist dem mit ihm befreundeten Autor einen Platz «zwischen Robert Walser und Friedrich Glauser» zu.[32] Im Unterschied allerdings zu den genannten Autoren, die später eine Renaissance erfahren und heute zum Kanon der Schweizer Literatur zählen, gerät der Erzähler Jakob Flach immer stärker ins Abseits. Woran das liegen mag, das deutet der Autor in einem seiner Prosastücke selber an, wenn er sagt, dass seine «Sitte des Erzählens [...] verloren gegangen» sei, da er «ganz altmodisch» (S. 29) erzähle. Wie ist das zu verstehen? Tatsächlich bereitet Jakob Flach seine Prosasammlung ungefähr zur selben Zeit vor, als das traditionelle Erzählen in der Schweizer Literatur aufgebrochen und experimentelleren Formen zugeführt wird. 1964 erscheinen von Peter Bichsel mit dem Band *Eigentlich möchte Frau Blum den Milchmann kennenlernen* in der progressiven Reihe der Walter-Drucke «21 Geschichten», die mit herkömmlichen Geschichten kaum mehr etwas zu tun haben, sondern auf selbstreflexive und dekonstruktive Weise das Erzählen selbst zum Thema machen. Darin sind sie dem ironischen, sich entwindenden Stil Robert Walsers nicht unähnlich, der aber erst Anfang der 1970er Jahre im breiten Umfang wiederentdeckt wird. Wie dieser erzählt Bichsel nicht mehr wirklich, sondern *ent*-zählt vielmehr, wenn er eine Geschichte etwa wie folgt beginnen lässt: «Jetzt wäre wieder Gelegenheit, die Geschichte über den Tierfreund zu schreiben, die Geschichte über den Mann mit den beiden Hunden, die Geschichte über den Mann, der mit den Hunden spazieren geht. Doch lassen wir die Gelegenheit vorübergehen, die Geschichte hat Zeit.»[33] Anstatt also den Spaziergang wirklich zu schildern, schiebt der Erzähler die Geschichte auf und deutet sie stattdessen bloss im Konjunktiv an. Jakob Flachs Geschichten hingegen präsentieren sich als Erlebnisberichte, als seien sie unmittelbar aus dem Leben gegriffen und geben nach dem Muster des authentischen Vortrags eigene Erfahrungen wieder.

---

31 Albert Bettex: Die Literatur der deutschen Schweiz von heute. Olten [1949], S. 28.
32 André Imer: Gruss an Jakob Flach. Zum 85. Geburtstag des Schriftstellers am 26. März, in: Der Bund, Jg. 130, Nr. 70, 24. März 1979, S. 35.
33 Peter Bichsel: Eigentlich möchte Frau Blum den Milchmann kennenlernen. 21 Geschichten. Olten 1964, S. 38.

Jakob Flach lässt sich noch zu jenen «archaischen» Erzählernaturen rechnen, die Walter Benjamin zufolge schon länger ausgestorben sind: «‹Wenn einer eine Reise tut, so kann er was erzählen›, sagt der Volksmund und denkt sich den Erzähler als einen, der von weit her kommt.»[34] Im Waschzettel zu Jakob Flachs erster Novelle, *Die Verhinderten*, klingt dieser narrative Typus deutlich an: «Nie ist es eine literarische Ambition, die ihn schreiben heißt», vielmehr sei der Autor eine «jener unbürgerlichen, künstlerisch begabten Existenzen, die Fernweh umtreibt zu wandern und zu schauen» (Abb. 13).[35] Flach wird hier zum einfachen, archaischen Erzähler stilisiert, wie ihn auch Walter Benjamin im Blick hat. Ein Erzähler, dem die mündliche Mitteilung seiner Erlebnisse über ihre poetische Ausgestaltung geht. Ein Erzähler, der aus einem reichen Erfahrungsschatz schöpfen kann. Ein Erzähler, dessen Geschichten «von Mund zu Mund»[36] gehen, der noch jener oralen Kultur angehört, die ihren Ursprung am Lager- oder «Kaminfeuer» (S. 29) hat. Ein Erzähler, welcher letztlich der Tradition der alten Rhapsoden entstammt, den wandernden Sängern im antiken Griechenland. Ihre Rhapsodien zeichneten sich durch eine reihende, episodische Schilderung und einen losen Zusammenhang aus. Ihr Ziel war es, das Publikum durch Berichte aus entlegenen Gebieten zu unterhalten. Nichts anderes will Jakob Flach, der auch stilistisch dem «monostichischen Prinzip» der Rhapsoden, «in der nur für den mündlichen Vortrag bestimmten Ordnung der Reihe», merklich nahekommt.[37] Zugleich besitzt Flachs Prosa dank dieser parataktischen Erzählweise, die stark auf Rhythmisierung und

---

34 Walter Benjamin: Der Erzähler. In: Erzählen. Schriften zur Theorie der Narration und zur literarischen Prosa, hg. von Alexander Honold. Frankfurt am Main: Suhrkamp, 2007, S. 103–128, hier S. 104.
35 Siehe das Inserat im Reisetagebuch Nr. 71, SLA-FLACH-C-01-a/71. Vgl. zudem die ähnliche Charakterisierung durch Charles Linsmayer: Jakob Flach, in: Der Bund, Jg. 138, Nr. 55, 7. März 1987, S. 3: «[U]m dickleibige Romane zu schreiben, fehlte Jakob Flach, diesem poetischen Schweizer Wandervogel mit den Lebensdaten 1894 bis 1985 [recte: 1982], entschieden das Sitzleder. Was er jedoch meisterhaft beherrschte, das war die kleine Skizze, die erzählerische Improvisation, die Kurzgeschichte, wie er sie gewissermassen ‹vor Ort›, irgendwo in Europa, auf einer Hafenmauer sitzend oder am Tisch einer russigen Kneipe seinen Erlebnissen nacherzählte.»
36 Walter Benjamin: Der Erzähler. In: Erzählen. Schriften zur Theorie der Narration und zur literarischen Prosa, hg. von Alexander Honold. Frankfurt am Main: Suhrkamp, 2007, S. 103–128, hier S. 104.
37 Walter Salmen: Geschichte der Rhapsodie. Zürich und Freiburg im Breisgau 1966, S. 12.

Abb. 13: Verlagswerbung zu Jakob Flachs erster Novelle «Die Verhinderten».

Vokalharmonien achtet, eine Musikalität, die auch den alten Rhapsodien eigen war. In diesem Sinne können Jakob Flachs Prosastücke als loser Gesang eines losen Gesellen, als Rhapsodien eines vagierenden Bohemiens bezeichnet werden. Noch Theodor Fontane verstand seine Wanderungen durch die Mark Brandenburg als Ausdruck einer «wandernden Rhapsodenschaft» und sich selbst als schreibenden Sänger.[38]

38 Ebd., S. 26.

Dieser rhapsodische Duktus führt zu einer Art des Schreibens, die zwanglos von einem Thema zum nächsten übergeht und sich von Assoziationen leiten lässt. Auf diese Weise entsteht ein musivisches Panorama von Dingen, die dem Autor wichtig sind, mit denen er sich beschäftigt und die dem Leser seinerseits erlauben, in der Gedankenwelt des Autors spazieren zu gehen. Die einzelnen Prosastücke enthalten zwar allesamt kleine Geschichten und Episoden, sie sind aber nicht als Erzählungen im klassischen Sinn angelegt. Sie folgen keinem strengen Handlungsbogen, sie sind vielmehr im Plauderton geschrieben, der von einer Sache zur anderen übergeht, wie es dem Erzähler scheinbar gerade in den Sinn kommt. Mit dieser Erzähltechnik gleicht Flach seine Prosastücke stilistisch an ihre Thematik an: Sie sind nach dem Prinzip des Spaziergangs organisiert, insofern sie ohne erklärtes Erzählziel voranschreiten und unterwegs streifen, was en passant gerade begegnet. So heisst es einmal treffend, dass die Erzählung zwar «keine Pointe» besitze, dafür einen «feuersprühenden Schluss» (S. 21). Wie ein Spaziergänger achtet auch Flach als Erzähler auf Einzelheiten und Details, so dass ihm ihre Schilderung und Aufzählung mitunter mehr gilt als das Voranschreiten seiner Geschichte. Die Beobachtung, die Begriffe, die Sentenz, der Spruch, das Bonmot, das Lied oder die Anekdote, alle sprachlichen Klein- und Kleinstformen, werden vor der geschlossenen Erzählung bevorzugt.

Als Begründer dieser Form des literarischen Spaziergangs gilt Michel de Montaigne. Seine *Essais* wurden von ihm selbst und auch von der Literaturkritik mit der gedanklichen Bewegung eines Spaziergangs verglichen: Sie «sind das Werk eines Spaziergängers, der von Thema zu Thema wandert, [...] der den Geist von Assoziation zu Assoziation vagabundieren lässt, [...] der sein Thema ‹spazieren führt›».[39] Montaigne hat dieser ambulatorischen Metaphorik im fünfzigsten Hauptstück seiner *Essais* selbst Vorschub geleistet, wo er den Gang seines Denkens wie folgt beschreibt:

> Bald gehe ich mit ihm [sc. dem Verstand] auf eine wichtige und verwirrte Sache, wo er nichts von sich selbst zu setzen findet, weil der Weg schon gebahnet ist, daß er nur andern nachgehen darf. Hier beschäftigt er sich diejenige Straße zu wählen,

---

39 Alain Montandon: Spazieren. In: Muße, hg. von Christoph Wulf, Jörg Zirfas. Berlin 2007, S. 75–86, hier S. 77.

welche ihm die beste zu seyn scheinet, und sagt unter tausend Fußsteigen, dieser oder iener sey am besten ausgesucht.[40]

Wie der Spaziergänger zwang- und ziellos auf den Spazierwegen umherwandeln kann, so mäandriert auch die essayistische Schreibweise entlang verschiedener thematischer Pfade. Es ist daher kaum zufällig, dass Jakob Flachs Prosastücke von essayistischen Momenten durchzogen sind, am auffälligsten sicher in den kursiv gesetzten Eingangssequenzen, und die reine Erzählung mitunter auf nebensächliche Exkurse abschweift.

Mit seiner *Kunst des Spazierengehens* begibt sich Jakob Flach also auf einen literarischen Pfad, der von zahlreichen Dichtern und Denkern zuvor schon begangen worden ist. Er tradiert einen literarischen Topos, der von Montaignes *Essais* über Rousseaus *Träumereien eines einsamen Spaziergängers* bis zu den Berliner Flanerien eines Franz Hessel reicht: der Spaziergang als Erzählmodell.[41] Natürlich darf in diesem Kontext Robert Walsers berühmte Erzählung *Der Spaziergang* nicht vergessen werden, die im Geiste bei Flachs Prosastücken eindeutig Pate gestanden hat.[42] Fast alle Motive finden sich darin präfiguriert: Auch der Walser'sche Spaziergänger neigt zur beiläufigen Plauderei und präsentiert sich als «besserer Strolch, feinerer Vagabund, Tagedieb, Zeitverschwender oder Landstreicher des Weges».[43] Entsprechend macht er sich wenig aus Wohlstand und Reichtum, und schon gar nichts hält er von der Hektik des Alltags und dem Grossstadtbetrieb: «In der Tat liebe ich alles Ruhige und Ruhende, Sparsamkeit und Mäßigkeit und bin allem Gehast und Gehetz im tiefsten Innern abhold. [...] Entzückend schön und uralt gut

---

40 Michel de Montaigne: Essais. Sämtliche 107 Essais nach der ersten deutschen Gesamtausgabe von Johann Daniel Tietz. Frankfurt am Main 2010, S. 341.
41 Siehe Claudia Albes: Der Spaziergang als Erzählmodell. Studien zu Jean-Jacques Rousseau, Adalbert Stifter, Robert Walser und Thomas Bernhard. Tübingen 1999, sowie Angelika Wellmann: Der Spaziergang. Stationen eines poetischen Codes. Würzburg 1991.
42 Die beiden Autoren sind sich zumindest schon im selben Publikationskontext begegnet: Walsers *Spaziergang* erschien in Walter Muschgs Anthologie *Schweizer Novellenbuch* (1939), in das auch Jakob Flachs erste Novelle *Die Verhinderten* Aufnahme fand.
43 Robert Walser: Der Spaziergang. In: Das Gesamtwerk, hg. von Jochen Greven. Zürich, Frankfurt am Main 1978, Bd. 3, S. 209–277, hier S. 228.

und einfach ist es ja, zu Fuß zu gehen, wobei anzunehmen sein wird, daß Schuhwerk und Stiefelzeug in Ordnung seien.» Wie bei Flach avanciert der Spaziergang bei Walser zu einem privilegierten Daseinsmodus, zu einer spezifischen Wahrnehmungs- und Erkenntnisform, die den kleinen und unbeachteten Dingen am Wegrand besondere Aufmerksamkeit schenkt. Wobei dem Spaziergang auch hier eine eminent poetologische Komponente zukommt. Die Geh- entspricht zugleich der Schreibbewegung. In Walsers Text erfolgt diese Engführung explizit in einer längeren Passage, die hier nur ausschnittweise wiedergegeben werden kann:

> Auf weitschweifigem Spaziergang fallen mir tausend brauchbare Gedanken ein, während ich zu Hause eingeschlossen jämmerlich verdorren, vertrocknen würde. Spazieren ist für mich nicht nur gesund, sondern auch dienlich, nicht nur schön, sondern auch nützlich. Ein Spaziergang fördert mich beruflich, macht mir aber zugleich auch persönlich Spaß; er tröstet, freut, erquickt mich, ist mir ein Genuß, hat aber zugleich die Eigenschaft, daß er mich spornt und zu fernerem Schaffen reizt, indem er mir zahlreiche mehr oder minder bedeutende Gegenständlichkeiten darbietet, die ich später eifrig bearbeiten kann. Jeder Spaziergang ist voll von sehenswerten, fühlenswerten Erscheinungen. Von Gebilden, lebendigen Gedichten, anziehenden Dingen, Naturschönheiten wimmelt es ja förmlich auf netten Spaziergängen, mögen sie noch so klein sein.[44]

Allerdings wird dieses (im Original seitenlange) Lob auf den Spaziergang mit so viel übertriebenem Pathos vorgetragen, dass die Aussage zugleich wieder in ironische Distanz rückt und man sich als Leser zu Recht fragt, wie ernst das erzählende Ich alles meint, zumal es sich um einen Rechtfertigungsmonolog gegenüber einem Steuerbeamten handelt, um dem verbreiteten Vorwurf entgegenzuwirken, dass Spaziergänger «oft ganz im Geruch unnützen, zeitvergeudenden Vagabundierens» stehen.[45] Es scheint fast so, als ob der Spaziergänger die an sich nutzlose Tätigkeit rhetorisch überhöht als mühevolle Arbeit des Schriftstellerberufes ausgeben wolle und sich zu diesem Zweck einer schier endlosen Verkettung von Gemeinplätzen bedient. Tatsächlich tendiert der Spaziergang bei Walser dazu, zum reinen Zitat, zur ironischen Pose und zu einer prätentiösen

---

44 Ebd., S. 251 f.
45 Ebd., S. 253.

Attitüde zu erstarren. Bei Flach hingegen besitzt das Spazierengehen eine unmittelbar vitale, keineswegs gezierte Grundierung. Das zeigt sich bereits im Titel, der den Akzent auf das Gehen als Tätigkeit, Vorgang und Aktivität legt. Zugleich bedeutet für ihn das Spazierengehen weitaus mehr als blosse körperliche Ertüchtigung oder Naturerfahrung und erst recht kein Schaulaufen. Für ihn erhebt sich das Spazierengehen vielmehr zur Daseinsmetapher schlechthin und überträgt sich nachgerade allegorisch, mithin sogar idealistisch verklärt auf alle Lebensbereiche. Die Tätigkeit des Spazierengehens steht hier stellvertretend für ein unbeschwertes, weil den kleinen Freuden glückvoll ergebenes Dasein.

Auch wenn Jakob Flach eine «Kunst des Spazierengehens» im Titel seiner Prosasammlung ankündigt, darf darunter nicht im strengen Sinn eine theoretische Anleitung oder gar Lehre zur richtigen Spaziergängerei erwartet werden, wie dies gut 150 Jahre früher Karl Gottlob Schelle unter dem fast gleichnamigen Titel tat: *Die Spatziergänge oder die Kunst spatzieren zu gehen* hiess die 1802 veröffentlichte Studie, als das Spazierengehen im Begriff war, sich als bürgerliches Ritual zu etablieren.[46] In achtzehn Kapiteln und auf knapp 300 Seiten entwickelt Schelle eine Theorie des Spaziergangs, die darlegen will, inwiefern «ein bloss mechanisches Geschäft (des Gehens) zu einem geistigen zu erheben»[47] sei und dabei ein ganzes kulturanthropologisches System der Promenadologie hervorbringt, das den Menschen als ganzheitliches Wesen erfassen soll. Dergleichen verfolgt Jakob Flach mit seinen Prosastücken bei Weitem nicht, obgleich er in der Grundtendenz mit Schelle übereinstimmen dürfte, dass Spazierengehen mehr sei als blosse Bewegung, sondern gleichsam alle Sinne umfasse. Mehr noch propagiert Jakob Flach das Spaziergehen nachgerade als Lebenshaltung beziehungsweise Lebensphilosophie: als heiteren Gang durchs Leben, abseits bürgerlicher Normen und Lebensentwürfe, als vagabundierendes Dasein eines Lebenskünstlers, der sich in jeder Situation zu helfen weiss und die besten Stunden bei lukullischen Genüssen verbringt. Auch wenn viel von Spa-

---

46 Dazu Gudrun M. König: Eine Kulturgeschichte des Spazierganges. Spuren einer bürgerlichen Praktik 1780–1850. Wien etc. 1996.
47 Karl Gottlob Schelle: Die Spatziergänge oder die Kunst spatzieren zu gehen. Nachdruck der Ausgabe 1802, hg. und mit einem Nachwort versehen von Markus Fauser. Hildesheim etc. 1990, S. 41.

ziergängen, Ausflügen, Wanderschaften und Reisen die Rede ist – das titelspendende ‹Spazierengehen› weist symbolisch über die konkrete Gehtätigkeit hinaus und wird zu einer universalen Metapher für ein lustvolles und glückliches Dasein. Unüberhörbar wird diese Tendenz, wo die «Kunst des unbeschwerten Spazierengehens, des Pflückens der kleinen Freuden» (S. 54) mit einem «ersprießlichen Spaziergang durchs Leben» (S. 86) enggeführt wird.

Erstaunlicherweise leitet Jakob Flach diese Kunst im ersten Prosastück, das gleichsam den programmatischen Auftakt dieses Bandes bildet, ausgerechnet vom Sonntagsspaziergang mit seinem Vater ab, also des radikal-bürgerlichen Gegenstücks zu seinem eigenen Begriff des Spazierengehens.[48] Dabei ist der Spaziergang historisch gesehen eine Errungenschaft aus der Zeit der Französischen Revolution und ihrer Forderung nach Freiheit, Gleichheit und Brüderlichkeit, allesamt Parolen, die sich Jakob Flach wiederum gerne auf seine Fahnen schreibt. Die Revolutionäre in Paris verlangten eine «Republik der Fußgänger» mit besseren Spazierwegen, Promenaden und Trottoirs für das Volk.[49] Aus den ehemaligen Bollwerken (frz. *boulevards*) der Stadt wurden die breit angelegten Boulevards, auf denen ganz Paris promenierte. Spuren dieser revolutionären Gesinnung sind auch beim Flach'schen Spaziergänger mitunter bemerkbar, bekennt der Erzähler doch unverhohlen, dass es in seinem Kopf «manchmal bedenklich nach 1791 und Jakobinermütze» (S. 99) aussehe, weshalb er, ohne zu zögern, alte Freiheitslieder anstimmt (S. 19). Den Sonntagsspaziergang erlebt er nicht wie die meisten seiner Klassenkameraden als biederes Zeremoniell, sondern als Entdeckung einer gänzlich anderen, befreiteren Weltzuwendung. Dies vor allem deshalb, weil sein ansonsten so gestrenger Vater auf diesen Spaziergängen wie verwandelt scheint und seinem Sohn die Schönheiten der Natur zeigt. Hier lernt er die Kehrseite der bürgerlichen Verhältnisse kennen, entdeckt eine heitere, unbeschwerte und fröhliche Welt, indem ihn der Vater die «Kunst [...] vom Spazierengehen auf der lichten Seite des Lebens» (S. 12) lehrt.

48 Vgl. Aurel Schmidt: Gehen. Der glücklichste Mensch auf Erden. Frauenfeld, Stuttgart, Wien 2007, S. 133 f.: «Der deutsche und bürgerliche Spaziergang führt am Sonntag aus der Gesellschaft hinaus und am gleichen Abend wieder hinein.»
49 Johann-Günther König: Zu Fuss. Eine Geschichte des Gehens. Stuttgart 2013, S. 110 f.

Nach dieser paternalen Initiation in die *ars ambulandi* entfaltet der Erzähler in den nachfolgenden Prosastücken eine eigene, nun dezidiert antibürgerliche Spaziergangtypologie, deren Grundakkord im Spazierengehen als Protestbewegung und poetischer Praxis liegt: «In der bürgerlichen Waren-Welt, der alles zum Mittel geworden ist, dient der Künstler der sich selbst genügenden Kunst. Sein von materieller Nutzenserwägung freies Spazierengehen ist dann eine Art ästhetische Parallelaktion.»[50] Es handelt sich bei Flach speziell um eine erweiterte Kunst des Spazierengehens in unterschiedlichen Kontexten, Soziotopen und Lebenssituationen: von Phantasiereisen ins Blaue und Irrgängen der Liebe über Schlemmereien und Fresstouren zu Flanerien und Stadtstreifereien, von Wanderschaft und Bergfahrten zu Weltreisen, auch der Topos vom imaginären Reisen in den eigenen vier Wänden wird berührt, bis hin zur improvisierten Existenzweise von Artisten und Gauklern, die es trotz misslicher Umstände verstehen, das Leben von der heiteren Seite zu nehmen. Sie alle definieren eine Grammatik des Genusses und der Genügsamkeit, die sich symbolisch im Spaziergang, jener so nutz- wie ziellosen Gehbewegung, verdichtet, welche aber gerade deshalb die einfachste Form des Glücks bieten kann, solange einer bereit ist, auf die kleinen, scheinbar unbedeutenden Freuden zu achten.

Zwei Kernmotive durchziehen somit die Spaziergangsstücke: das Glück und die Bescheidenheit, die kausal zum Basso continuo vom Glück *dank* der bescheidenen Lebensführung des Spaziergängers verschmolzen werden. Programmatisch geschieht das im Prosastück *Ausflug in die Nachbarschaft oder Über die schlichten Freuden*:

> Schlichte Freuden sind die scheinbar nutzlosen weißen Kiesel und glimmerglänzenden Ackersteine, aus denen das Glück sich aufbaut, sind die unvergänglichen Fundamente eines frohgemuten Lebens, ein bisschen vergessen und von Unkraut überwuchert und nur von Kindern und Poeten gelegentlich aufgestöbert. (S. 54)

Jakob Flach verfügt über den kindlichen wie den poetischen Blick. Auch wenn er sich gerne als naive, archaische Erzählstimme inszeniert, so

---

50 Kurt Wölffel: Geh aus, mein Herz. Kursorisches über den Spaziergang als poetische Praxis. In: Kopflandschaften – Landschaftsgänge. Kulturgeschichte und Poetik des Spaziergangs, hg. von Axel Gellhaus, Christian Moser und Helmut J. Schneider. Köln, Weimar, Wien 2007, S. 29–50, hier S. 36.

steckt hinter dieser Stimme doch ein belesener Schriftsteller, der die Tradition kennt, in die er sich stellt. Alle Texte durchzieht eine eigentümlich synkretistische Mischung von epikureischer und stoischer Lebensphilosophie, die sich der modernen Leistungsgesellschaft und ihren trügerischen, weil bloss kurzfristigen Glücksversprechen entgegenstellt. Das wahre Glück, so lautet vereinfacht das Grundprinzip dieser Felicitas-Lehre, lässt sich nicht in beruflichem Erfolg, in Reichtum und Luxus, nicht in materiellen Gütern finden, sondern in einer genussvollen und lustbetonten Lebensführung, die aber zugleich nach Bescheidenheit und innerer Seelenruhe strebt. Seneca, dessen populärer wie moderater Stoizismus durchaus auch epikureische Affinitäten aufweist, schreibt in seinem Traktat *De vita beata* (Vom glücklichen Leben):

> Um nichts glücklicher werde ich mich schätzen, weil ich einen weichen Überwurf habe, weil Purpur für meine Gäste ausgebreitet wird. Tausche meine Decken aus: Um nichts unglücklicher werde ich sein, wenn mein müder Nacken auf einer Handvoll Heu ruht, wenn ich auf einem Zirkuspolster liege, dessen Füllung bereits durch die Flicknähte einer alten Leinwand herausquillt.[51]

Nach dieser *ars vivendi*, deren Lebensglück nicht vom Wohlstand beeinträchtigt wird, richtet sich auch die Philosophie der Spaziergänger, Vaganten und Artisten bei Flach, die des Öfteren ihr Lager auch auf einem Strohsack oder einer Zirkusmatratze finden. Sie sind Vorbilder der Genügsamkeit und Zufriedenheit. Wie auch das Spazierengehen als reiner Selbstzweck der Ziel- und Erfolgsgerichtetheit der Berufswelt diametral entgegengesetzt ist. Insofern richtet sich die Kunst des Spazierengehens vor allem gegen die eiligen Karrieristen, die Sensationslustigen und Vergnügungssüchtigen, gegen die Pauschaltouristen und die gehetzten Geschäftsmänner, welche die Schönheiten des Lebens und der Natur im Dauerstress zu vergessen geneigt sind. Stellvertretend für sie alle steht im Text die Apostrophe an den «Freund aus den freudlosen Gassen der Stadt» (S. 47). Während die Welt um ihn sich erbarmungslos nach der Devise «Zeit ist Geld» richtet, verschreibt Flach gleichsam als Antidot ein alternatives Credo: «die Zeit, von der man nie genug hat,

---

[51] Seneca: De vita beata / Vom glücklichen Leben, übers. und hg. von Fritz-Heiner Mutschler. Stuttgart 2009, S. 63 f.

Abb. 14: Der Spaziergänger Flach lässt rauchend die Zeit verstreichen.

großmütig verschwenden, vorüberziehen und vergehen lassen» (S. 57). Wo Zeit im modernen Grossstadtleben zur wichtigsten Ressource wird und Zeitverschwendung als grösste Untugend gilt, da hält dem Flach den puren Lebensluxus der Spaziergänger, Tagediebe und Nichtsnutze entgegen, die zwar keinen Beruf ausüben und deshalb auch kein Geld besitzen, aber allerhand Zeit zu verschwenden haben.

Angesicht der rasanten Modernisierung und einer rapide sich ändernden Welt, wo solche müssigen Qualitäten bald nichts mehr gelten, durchzieht die Texte auch ein Anflug von Wehmut und Resignation über den Verlust des Archaischen, Ursprünglichen, Spontanen und Natürlichen, ja auch des Abenteuerlichen, was dem Erzählton mitunter einen nostalgischen Anstrich verschafft. Hin und wieder dringt

Enttäuschung oder gar eine sanfte Verbitterung durch die ansonsten heiter erzählten Zeilen hindurch, am Ende sogar auch ein wenig Häme gegenüber dem grossstädtischen Luxus und dem blindwütigen Tourismus. Dem *laus temporis acti* folgt die Klage über die aktuelle Zeit auf dem Fuss. Besonders deutlich ist diese resignative Tendenz in den räsonierenden Prologen zu jedem Prosastück bemerkbar.

Bliebe es bei diesem moralisierenden Unterton, dann wären die Geschichten nur halb so unterhaltsam. Immer mal wieder lässt der Erzähler deshalb seine stoische Überzeugung am eigenen Idealismus scheitern, indem er zeigt, dass sich im Leben nicht alles nach dem propagierten Idealismus richtet. In dieser Diskrepanz zwischen Ideal und Realität liegt nicht selten die hintergründige Komik der Texte. Etwa in der Erzählung *Wege und Umwege in einer großen Stadt*, wo sich der enthusiastische Spaziergänger durch seinen dicklichen Kumpan angesichts der veränderten Dynamik einer Metropole eines Besseren belehren und sein Rousseau-getränktes Ursprungsideal hinter sich lassen muss. Der Wandervogel trifft hier auf seinen Antitypus, auf den Flaneur, der die Grossstadt zu seinem Terrain erklärt. Ein Glanzstück geradezu ist auch jene Passage, in der Jakob Flach namentlich sich selbst auf eine frühmorgendliche Bergtour schickt, in der sukzessive die idealen Erwartungen zerstört werden. Das beginnt mit der vergessenen Pfeife, setzt sich fort mit der ozonhaltigen Luft und den Jägerschüssen, welche den Bergfrieden stören, führt bis zur verpassten Möglichkeit einer Begegnung mit dem hübschen Bauernmädchen und endet mit einem arg verspäteten Morgenessen. Doch alle Misslichkeiten können dem Frohsinn des Protagonisten nichts anhaben. Hier zeigt sich durchaus selbstironisch die zweifelhafte Dialektik des Ewigglücklichen, der jede Lage sogleich in eine bessere umzuinterpretieren sucht. Idealismus und glückselige Verblendung liegen hier nahe beieinander. Entsprechend schwankt die Erzählung zwischen propagierten und sabotierten Glücksmomenten und mündet folgerichtig in die resignative Strophe: «Was rennst du nach dem Glück des Lebens? / Misslingen wird dein eitel Tun» (S. 61).

Alle diese Momente spiegeln sich nochmals in dem abschliessenden *Monolog über die kleinen Freuden*, der dieser Textsammlung aufgrund der thematischen Übereinstimmung beigegeben ist. In dieser Rollenprosa eines liebeskranken Trinkers gelangt Jakob Flach auf die

Höhe seiner Erzählkunst. Er ist deshalb an den Schluss dieses Buches gestellt. Hier mündet der stilistische Spaziergang in das radotierende Gefasel eines Säufers, der sich als Outlaw präsentiert. Aufgrund einer unglücklichen Liebschaft sei er aus der Bahn geraten und hangle sich seither als Vagabund durchs Leben, dabei verheimlicht er seine gesellschaftskritischen Ansichten keineswegs. Im Gegenteil gibt er unumwunden zu, dass er von Ordnungshütern immer schon als deviantes Subjekt wahrgenommen werde, da er den «Rebellen» nicht auf ewig «hinter dem wackeren Bürger» verstecken könne (S. 102). Doch ist auch die Rolle des gesetzlosen Herumtreibers und Trunkenboldes nur eine weitere Maskerade, hinter der sich der lebenskluge Philosoph in der Tradition des Diogenes verbirgt, der am helllichten Tage «mit der Laterne» herumläuft, «um Menschen zu suchen» (S. 99). So spricht in der Maske des Betrunkenen letztlich eine höhere Humanität zum armseligen Stammtischvolk, repräsentiert durch die Herren Krüger und Gläser, die dem Redner stumm zuhören, der sich gleich zu Beginn als «Kümmerer» vorstellt, da er sich um «den größten Kummer Eures farblosen Daseins kümmere» (S. 97). Später entpuppt sich der Kümmerer zudem als Hämmerer, zumindest als «Meister Hämmerli» (S. 101), der die Leute, obwohl sie ihn auslachen, moralisch zurechthämmern will. Hier mag, wenn auch im Diminutiv, noch die Lehre Friedrich Nietzsches, des selbsternannten Philosophen mit dem Hammer, anklingen, der seine Umwertung der bürgerlichen Werte nicht zufällig in die Nachfolge von Diogenes stellt, wenn er in der *Fröhlichen Wissenschaft* (1882) «am hellen Vormittag» den «tollen Menschen» mit einer Laterne in der Hand auftreten lässt.[52] Mit dem Meister Hämmerli transponiert Flach die philosophische Abstraktion indes wieder auf die pragmatische Ebene des Handwerkers zurück. Es sind praktische Lebensweisheiten, «keine Philosophie» (S. 102), die er am Wirtshaustisch verkündet. Aus seiner Lebenserfahrung will er den Zuhörenden die kleinen Freuden des Lebens schätzen lehren, die seiner Ansicht nach viel eher zum Glück führen als «große Worte» (S. 102). – Und in diesem Sinne soll hiermit auch kein weiteres Nach-Wort verloren werden.

---

52 Friedrich Nietzsche: Die fröhliche Wissenschaft. In: Werke in drei Bänden, hg. von Karl Schlechta. München 1973, Bd. 2, S. 127 [§ 125].

Schluss und Feierabend

Die Woch' ist um, das Heft ist voll, balde reis ich, balde. Warum fliegt ohne mich himmelhoch die Lerche, warum ziehet ohne mich übern Berg die Wolke, ohne mich und ohne Gruss, übern Berg fürs Mädel. Bübchen fahren, Räder rollen, Schiffe ziehn und Vögel, und ich bleibe sitzen muss, ohne Gruss fürs Mädel — trotz und trotz ich gehe. ——

Abbildungsnachweise

Alle Abbildungen stammen aus dem Nachlass von Jakob Flach im Schweizerischen Literaturarchiv (SLA), Bern. Mit Ausnahme des Briefes an Hermann Hesse, der sich im Hesse-Archiv des SLA befindet.

Umschlagbild:	Kubistische Zeichnung «en construction» von Jakob Flach (SLA-FLACH-C-a-79)
S. 6:	SLA-FLACH-C-01-a-13
S. 14:	SLA-FLACH-C-01-a-53
S. 28:	SLA-FLACH-C-01-a-22
S. 36:	SLA-FLACH-C-01-a-37
S. 44:	SLA-FLACH-C-01-a-13
S. 52:	SLA-FLACH-C-01-a-71
S. 64:	SLA-FLACH-C-01-a-71
S. 78:	SLA-FLACH-C-01-a-34
S. 88:	SLA-FLACH-C-01-a-73
S. 96:	SLA-FLACH-C-01-a-96
S. 112, Abb. 1:	SLA-FLACH-B-01-HEIM; Beilage
S. 115, Abb. 2:	SLA-FLACH-B-01-HEIM
S. 119, Abb. 1:	SLA-FLACH-C-01-b-03
S. 119, Abb. 2:	SLA-FLACH-C-01-b-02
S. 123, Abb. 3:	SLA-FLACH-C-01-b-06
S. 123, Abb. 4:	SLA-FLACH-C-01-b-06
S. 125, Abb. 5:	SLA-FLACH-C-01-b-08
S. 126, Abb. 6:	SLA-FLACH-C-01-b-08
S. 127, Abb. 7:	SLA-HESSE-Ms-L-83
S. 127, Abb. 8:	SLA-FLACH-C-01-b-08
S. 128, Abb. 9:	SLA-FLACH-C-01-a-71
S. 129, Abb. 10:	SLA-FLACH-C-01-b-08
S. 130, Abb. 11:	SLA-FLACH-C-01-b-04
S. 131, Abb. 12:	SLA-FLACH-C-01-a-68
S. 135, Abb. 13:	SLA-FLACH-C-01-a-68
S. 143, Abb. 14:	SLA-FLACH-C-01-b-08
S. 146/47:	SLA-FLACH-C-01-a-15

Schweizer Texte, Neue Folge

Max Tobler
«Die Welt riss mich»
Aus der Jugend eines feinsinnigen Rebellen (1876–1929)
Herausgegeben mit einem Nachwort von Christian Hadorn
Band 45, 2015. 371 S., 12 Abb. s/w. Geb. CHF 48 / EUR 46. ISBN 978-3-0340-1268-3

Silvia Andrea
Das eigene Ich und die grosse Welt
Prosatexte und Biografisches. Herausgegeben von Christine Holliger und Maya Widmer
Band 42, 2014. 180 S., 13 Abb. Geb. CHF 28 / EUR 23. ISBN 978-3-0340-1210-2

Silvia Andrea
Faustine
Roman. Herausgegeben und mit einem Kommentar von Cordula Seger
Band 41, 2014 (Erstveröffentlichung 1889). 264 S., 4 Abb. s/w. Geb.
CHF 44 / EUR 40. ISBN 978-3-0340-1209-6

Silvia Andrea
Das Bergell
Wanderungen in der Landschaft und ihrer Geschichte. Mit einem Nachwort von Gian-Andrea Walther
Band 40, 2014 (Erstveröffentlichung 1901). 108 S., 9 Abb. s/w. Geb.
CHF 28 / EUR 25. ISBN 978-3-0340-1208-9

Silvia Andrea
Violanta Prevosti
Geschichtlicher Roman. Herausgegeben und mit einem Nachwort von Maya Widmer
Band 39, 2014 (Erstveröffentlichung 1905). 192 S., 4 Abb. s/w. Geb.
CHF 38 / EUR 31. ISBN 978-3-0340-1207-2

Friedrich Jenni
Der Gukkasten-Kalender
Herausgegeben und mit einem Nachwort von Stefan Humbel
Band 38, 2015. 364 S. Geb. CHF 48 / EUR 46. ISBN 978-3-0340-1197-6

Valentin Boltz
Der Weltspiegel
Herausgegeben von Friederike Christ-Kutter, Klaus Jaeger und Hellmut Thomke
Band 37, 2013. 320 S. Geb. CHF 68 / EUR 62. ISBN 978-3-0340-1163-1

Annemarie Schwarzenbach
Afrikanische Schriften
Reportagen – Lyrik – Autobiographisches. Mit dem Erstdruck von «Marc»
Herausgegeben von Sofie Decock, Walter Fähnders, Uta Schaffers
Band 36, 2012. 336 S., 12 Abb. Geb. CHF 38 / EUR 34. ISBN 978-3-0340-1141-9

Heinrich Zschokke
Der Freihof von Aarau
Roman. Herausgegeben und mit einem Nachwort von Rémy Charbon
Band 35, 2013. 360 S., 4 Abb. Geb. CHF 48 / EUR 43. ISBN 978-3-0340-1086-3

Albin Zollinger
Die grosse Unruhe
Roman. Mit einem Nachwort herausgegeben von Dominik Müller
Band 34, 2012. 234 S. Geb. CHF 38 / EUR 31. ISBN 978-3-0340-1087-0

Annemarie Schwarzenbach
Das Wunder des Baums
Roman. Aus dem Nachlass herausgegeben und mit einem Nachwort
von Sofie Decock, Walter Fähnders und Uta Schaffers
Band 33, 2011. 295 S., 9 Abb. Geb. CHF 38 / EUR 34. ISBN 978-3-0340-1063-4

Rémy Charbon, Corinna Jäger-Trees, Dominik Müller (Hg.)
Die Schweiz verkaufen
Wechselverhältnisse zwischen Tourismus, Literatur und Künsten seit 1800
Band 32, 2010. 320 S., 65 Abb. Geb. CHF 58 / EUR 38. ISBN 978-3-0340-1010-8

Paul Altheer
Die dreizehn Katastrophen
Detektivroman. Herausgegeben und mit einem Nachwort versehen von Paul Ott,
Kurt Stadelmann und Dominik Müller
Band 31, 2010. Nachdruck der Erstausgabe von 1926. 126 S., 4 Abb. Geb.
CHF 34 / EUR 22. ISBN 978-3-0340-0972-0

Romy Günthart (Hg.)
Von den vier Ketzern
«Ein erdocht falsch history etlicher Prediger münch» und «Die war History von den
vier ketzer prediger ordens»
Edition und Kommentar
Band 29, 2009. 208 S., 14 Abb. Geb. CHF 38 / EUR 24.50. ISBN 978-3-0340-0948-5

Christof Wamister (Hg.)
Es ging am Anfang nicht leicht mit uns
Hermann Hesse und Jakob Schaffner im Briefwechsel 1905–1933
Nach Vorarbeiten von Hermann Affolter herausgegeben von Christof Wamister
Band 28, 2009. 130 S., 5 Abb. s/w. Geb.
CHF 38 / EUR 24.50. ISBN 978-3-0340-0919-5

Valentin Boltz
Bibeldramen – Gesprächsbüchlein
Herausgegeben von Friederike Christ-Kutter
Band 27, 2009. 380 S., 10 Abb. Geb. CHF 68 / EUR 44. ISBN 978-3-0340-0901-0

Hans Boesch
Das Gerüst
Die Ingenieurs-Trilogie, Band I. Herausgegeben von Elio Pellin und Rudolf Probst
Band 26.1, 2007. 212 S. Geb. CHF 32 / EUR 19.90. ISBN 978-3-0340-0834-1

Hans Boesch
Die Fliegenfalle
Die Ingenieurs-Trilogie, Band II. Herausgegeben von Elio Pellin und Rudolf Probst
Band 26.2, 2007. Nachdruck der Erstausgabe von 1968. 130 S. Geb.
CHF 28 / EUR 17.20. ISBN 978-3-0340-0835-8

Hans Boesch
Der Kiosk
Die Ingenieurs-Trilogie, Band III. Herausgegeben von Elio Pellin und Rudolf Probst
Band 26.3, 2007. Nachdruck der Erstausgabe von 1978. 324 S. Geb.
CHF 44 / EUR 26.80. ISBN 978-3-0340-0836-5

Stefan Brockhoff
Musik im Totengässlein
Detektiv-Roman. Herausgegeben von Paul Ott und Kurt Stadelmann
Band 25, 2007. Nachdruck der Erstausgabe von 1936. 208 S. Geb.
CHF 32 / EUR 19.90. ISBN 978-3-0340-0833-4

Hellmut Thomke (Hg.)
Johann Caspar Weissenbach: Eydgnoßsisches Contrafeth
Auff- vnnd Abnemmender Jungfrawen Helvetiae
Band 24, 2007. 296 S., 12 Abb. Geb. CHF 58 / EUR 38. ISBN 978-3-0340-0810-5

Jodocus Donatus Hubertus Temme
Der Studentenmord in Zürich
Criminalgeschichte. Herausgegeben von Paul Ott und Kurt Stadelmann
Band 23, 2006. Nachdruck der Erstausgabe von 1872. 114 S. Geb. CHF 32 / EUR 19.80.
ISBN 978-3-0340-0768-9

Jakob Schaffner
Hans Himmelhoch
Wanderbriefe an ein Weltkind. Mit einem Nachwort herausgegeben von
Christof Wamister
Band 22, 2005. 154 S. Geb. CHF 32 / EUR 19.80. ISBN 978-3-0340-0738-2

Chronos Verlag
Eisengasse 9
CH-8008 Zürich
www.chronos-verlag.ch
info@chronos-verlag.ch